世界遺産シリーズ

世界遺産ガイド

－コーカサス諸国編－

【目　次】

■ユネスコ世界遺産の概要　5～45
- □ユネスコとは　6
- □世界遺産とは　6
- □ユネスコ世界遺産が準拠する国際条約　6
- □世界遺産条約の成立の経緯とその後の展開　7
- □世界遺産条約の理念と目的　8
- □世界遺産条約の主要規定　8
- □世界遺産条約の事務局と役割　9
- □世界遺産条約の締約国（193の国と地域）と
  世界遺産の数（167の国と地域1092物件）　9-15
- □世界遺産条約締約国総会の開催歴　15
- □世界遺産委員会　15
- □世界遺産委員会委員国　16
- □世界遺産委員会の開催歴　18
- □世界遺産の種類　19
- □ユネスコ世界遺産の登録要件　21
- □ユネスコ世界遺産の登録基準　21
- □ユネスコ世界遺産に登録されるまでの手順　22
- □世界遺産暫定リスト　22
- □危機にさらされている世界遺産（★【危機遺産】　54物件）　23
- □危機にさらされている世界遺産リストへの登録基準　23
- □監視強化メカニズム　24
- □世界遺産リストからの登録抹消　24
- □世界遺産基金　25
- □ユネスコ文化遺産保存日本信託基金　26
- □日本の世界遺産条約の締結とその後の世界遺産登録　27
- □日本のユネスコ世界遺産　30
- □日本の世界遺産暫定リスト記載物件　31
- □ユネスコ世界遺産の今後の課題　31
- □ユネスコ世界遺産を通じての総合学習　32
- □今後の世界遺産委員会等の開催スケジュール　33
- □世界遺産条約の将来　33

- □世界遺産　キーワード　48

■コーカサス諸国の国々　49～57
- □コーカサス諸国　51～51
  - □アゼルバイジャン　52～53
  - □ジョージア　54～55
  - □アルメニア　56～57

■コーカサス諸国の世界遺産　概説　59～61
- □概説　60～61
  - □コーカサス諸国の世界遺産の概況　62～63

    - □世界遺産、世界文化遺産、世界の記憶の違い　64～65

■ アゼルバイジャンの世界遺産　67～71
　□シルヴァンシャーの宮殿と乙女の塔がある城塞都市バクー　68～69
　□ゴブスタンの岩石画の文化的景観　70～71

■ ジョージアの世界遺産　73～79
　□ゲラチ修道院　74～75
　□ムツヘータの歴史的建造物群　76～77
　□アッパー・スヴァネチ　78～79

■ アルメニアの世界遺産　81～87
　□ハフパットとサナヒンの修道院　82～83
　□ゲガルド修道院とアザト峡谷の上流　84～85
　□エチミアジンの聖堂と教会群およびスヴァルトノツの考古学遺跡　86～87

■ コーカサス諸国の世界無形文化遺産　89～111
　　□コーカサス諸国の世界文化遺産の概況　90～91
　　□ヤッル（コチャリ、タンゼラ）、ナヒチェヴァンの伝統的な集団舞踊　92～93
　　□アゼルバイジャンの絨毯　94～95
　　□古代ジョージアの伝統的なクヴェヴリ・ワインの製造方法　96～97
　　□コチャリ、伝統的な集団ダンス　98～99
　　□コーカサス諸国のその他の世界文化遺産　100～103

　　□第8回無形文化遺産委員会　104～107
　　□第43回世界遺産委員会バクー（アゼルバイジャン）会議2019　108～109

　　□世界無形文化遺産の用語の定義　110
　　□世界無形文化遺産　キーワード　111

■ コーカサス諸国の世界の記憶　113～115

　　□コーカサス諸国の世界の記憶の概況　114～115
　　　□中世の医療薬学に関する文書　116～117
　　　□作曲家アラム・ハチャトゥリアンの原稿と映画音楽のコレクション　118～119

■ 索　引　121～122
　□索引　122

　□世界の記憶　キーワード　123

【表紙と裏表紙の写真】
（表）　　（裏）

❶ アッパー・スヴァネチ（ジョージア）
❷ シルヴァンシャーの宮殿と乙女の塔がある
　　城塞都市バクー（アゼルバイジャン）
❸ ゲラチ修道院（ジョージア）
❹ ゴブスタンの岩石画の文化的景観（アゼルバイジャン）
❺ ゲガルド修道院（アルメニア）
❻ エチジミアン修道院（アルメニア）
❼ ムツヘータの歴史的建造物群（ジョージア）

シンクタンクせとうち総合研究機構

※世界遺産の登録基準

(i) 人類の創造的天才の傑作を表現するもの。　→人類の創造的天才の傑作

(ii) ある期間を通じて、または、ある文化圏において、建築、技術、記念碑的芸術、町並み計画、景観デザインの発展に関し、人類の価値の重要な交流を示すもの。　→人類の価値の重要な交流を示すもの

(iii) 現存する、または、消滅した文化的伝統、または、文明の、唯一の、または、少なくとも稀な証拠となるもの。
→文化的伝統、文明の稀な証拠

(iv) 人類の歴史上重要な時代を例証する、ある形式の建造物、建築物群、技術の集積、または、景観の顕著な例。
→歴史上、重要な時代を例証する優れた例

(v) 特に、回復困難な変化の影響下で損傷されやすい状態にある場合における、ある文化(または、複数の文化)或は、環境と人間との相互作用を代表する伝統的集落、または、土地利用の顕著な例。
→存続が危ぶまれている伝統的集落、土地利用の際立つ例

(vi) 顕著な普遍的な意義を有する出来事、現存する伝統、思想、信仰、または、芸術的、文学的作品と、直接に、または、明白に関連するもの。→普遍的出来事、伝統、思想、信仰、芸術、文学的作品と関連するもの

(vii) もっともすばらしい自然的現象、または、ひときわすぐれた自然美をもつ地域、及び、美的な重要性を含むもの。→自然景観

(viii) 地球の歴史上の主要な段階を示す顕著な見本であるもの。これには、生物の記録、地形の発達における重要な地学的進行過程、或は、重要な地形的、または、自然地理的特性などが含まれる。
→地形・地質

(ix) 陸上、淡水、沿岸、及び、海洋生態系と動植物群集の進化と発達において、進行しつつある重要な生態学的、生物学的プロセスを示す顕著な見本であるもの。→生態系

(x) 生物多様性の本来的保全にとって、もっとも重要かつ意義深い自然生息地を含んでいるもの。これには、科学上、または、保全上の観点から、すぐれて普遍的価値をもつ絶滅の恐れのある種が存在するものを含む。
→生物多様性

ユネスコ世界遺産の概要

第43回世界遺産委員会バクー会議2019の会場
バクー・コングレス・センター

1 ユネスコとは

　ユネスコ(UNESCO＝United Nations Educational, Scientific and Cultural Organization)は、国連の教育、科学、文化分野の専門機関。人類の知的、倫理的連帯感の上に築かれた恒久平和を実現するために1946年11月4日に設立された。その活動領域は、教育、自然科学、人文・社会科学、文化、それに、コミュニケーション・情報。ユネスコ加盟国は、現在195か国、準加盟地域10。ユネスコ本部はフランスのパリにあり、世界各地に55か所の地域事務所がある。2016-2017年度通常予算（2年分）667百万米ドル。主要国分担率は、米国（22%：未払い）、日本（9.679%）、中国（7.920%）、ドイツ（6.389%）、フランス（4.859%）。事務局長は、オードレイ・アズレー氏*（Audrey Azoulay　フランス前文化通信大臣）。

*1972年パリ生まれ、パリ政治学院、フランス国立行政学院(ENA)、パリ大学に学ぶ。フランス国立映画センター(CNC)、大統領官邸文化広報顧問等重要な役職を務め、フランスの国際放送の立ち上げや公共放送の改革などに取り組みなど文化行政にかかわり、文化通信大臣を務める。2017年3月のイタリアのフィレンツェでの第1回G7文化大臣会合での文化遺産保護（特に武力紛争下における保護）の重要性や「国民間の対話の手段としての文化」に関する会合における「共同宣言」への署名などに主要な役割を果たし、2017年11月、イリーナ・ボコヴァ氏に続く女性としては二人目、フランス出身のユネスコ事務局長は1962～1974年まで務めたマウ氏に続いて2人目のユネスコ事務局長に就任。

<ユネスコの歴代事務局長>

	出身国	在任期間
1. ジュリアン・ハクスリー	イギリス	1946年12月～1948年12月
2. ハイメ・トレス・ボデー	メキシコ	1948年12月～1952年12月
(代理) ジョン・W・テイラー	アメリカ	1952年12月～1953年 7月
3. ルーサー・H・エバンス	アメリカ	1953年 7月～1958年12月
4. ヴィットリーノ・ヴェロネーゼ	イタリア	1958年12月～1961年11月
5. ルネ・マウ	フランス	1961年11月～1974年11月
6. アマドゥ・マハタール・ムボウ	セネガル	1974年11月～1987年11月
7. フェデリコ・マヨール	スペイン	1987年11月～1999年11月
8. 松浦晃一郎	日本	1999年11月～2009年11月
9. イリーナ・ボコヴァ	ブルガリア	2009年11月～2017年11月
10. オードレイ・アズレー	フランス	2017年11月～現在

ユネスコの事務局長選挙は、58か国で構成する執行委員会が実施し、過半数である30か国の支持を得た候補者が当選する。
投票は当選者が出るまで連日行われ、決着がつかない場合は上位2人が決選投票で勝敗を決める。
ユネスコ総会での信任投票を経て、就任する。任期は4年。

2 世界遺産とは

　世界遺産(World Heritage)とは、世界遺産条約に基づきユネスコの世界遺産リストに登録されている世界的に「顕著な普遍的価値」(Outstanding Universal Value)を有する遺跡、建造物群、モニュメントなどの文化遺産、それに、自然景観、地形・地質、生態系、生物多様性などの自然遺産など国家や民族を超えて未来世代に引き継いでいくべき人類共通のかけがえのない自然と文化の遺産をいう。

3 ユネスコ世界遺産が準拠する国際条約

　世界の文化遺産及び自然遺産の保護に関する条約 (通称：**世界遺産条約**)
　(Convention for the Protection of the World Cultural and Natural Heritage)
　　<1972年11月開催の第17回ユネスコ総会で採択>

*ユネスコの世界遺産に関する基本的な考え方は、世界遺産条約にすべて反映されているが、この世界遺産条約を円滑に履行していくためのガイドライン(Operational Guidelines for the Implementation of the World Heritage Convention)を設け、その中で世界遺産リストの登録基準、或は、危機にさらされている世界遺産リストの登録基準や世界遺産基金の運用などについて細かく定めている。

4 世界遺産条約の成立の経緯とその後の展開

1872年	アメリカ合衆国が、世界で最初の国立公園法を制定。イエローストーンが世界最初の国立公園になる。
1948年	IUCN（国際自然保護連合）が発足。
1954年	ハーグで「軍事紛争における文化財の保護のための条約」を採択。
1959年	アスワン・ハイ・ダムの建設（1970年完成）でナセル湖に水没する危機にさらされたエジプトのヌビア遺跡群の救済を目的としたユネスコの国際的キャンペーン。文化遺産保護に関する条約の草案づくりを開始。
〃	ICCROM（文化財保存修復研究国際センター）が発足。
1962年	IUCN第1回世界公園会議、アメリカのシアトルで開催、「国連保護地域リスト」（United Nations List of Protected Areas）の整備。
1960年代半ば	アメリカ合衆国や国連環境会議などを中心にした自然遺産保護に関する条約の模索と検討。
1964年	ヴェネツィア憲章採択。
1965年	ICOMOS（国際記念物遺跡会議）が発足。
1965年	米国ホワイトハウス国際協力市民会議「世界遺産トラスト」（World Heritage Trust）の提案。
1966年	スイス・ルッツェルンでの第9回IUCN・国際自然保護連合の総会において、世界的な価値のある自然地域の保護のための基金の創設について議論。
1967年	アムステルダムで開催された国際会議で、アメリカ合衆国が自然遺産と文化遺産を総合的に保全するための「世界遺産トラスト」を設立することを提唱。
1970年	「文化財の不正な輸入、輸出、および所有権の移転を禁止、防止する手段に関する条約」を採択。
1971年	ニクソン大統領、1972年のイエローストーン国立公園100周年を記念し、「世界遺産トラスト」を提案（ニクソン政権に関するメッセージ）、この後、IUCN（国際自然保護連合）とユネスコが世界遺産の概念を具体化するべく世界遺産条約の草案を作成。
〃	ユネスコとICOMOS（国際記念物遺跡会議）による「普遍的価値を持つ記念物、建造物群、遺跡の保護に関する条約案」提示。
1972年	ユネスコはアメリカの提案を受けて、自然・文化の両遺産を統合するための専門家会議を開催、これを受けて両草案はひとつにまとめられた。
〃	ストックホルムで開催された国連人間環境会議で条約の草案報告。
〃	パリで開催された第17回ユネスコ総会において採択。
1975年	世界の文化遺産及び自然遺産の保護に関する条約発効。
1977年	第1回世界遺産委員会がパリにて開催される。
1978年	第2回世界遺産委員会がワシントンにて開催される。イエローストーン、メサ・ヴェルデ、ナハニ国立公園、ランゾーメドーズ国立歴史公園、ガラパゴス諸島、キト、アーヘン大聖堂、ヴィエリチカ塩坑、クラクフの歴史地区、シミエン国立公園、ラリベラの岩の教会、ゴレ島の12物件が初の世界遺産として登録される。（自然遺産4　文化遺産8）
1989年	日本政府、日本信託基金をユネスコに設置。
1992年	ユネスコ事務局長、ユネスコ世界遺産センターを設立。
1996年	IUCN第1回世界自然保護会議、カナダのモントリオールで開催。
2000年	ケアンズ・デシジョンを採択。
2002年	国連文化遺産年。
〃	ブダペスト宣言採択。
〃	世界遺産条約採択30周年。
2004年	蘇州デシジョンを採択。
2006年	無形遺産の保護に関する条約が発効。

〃	ユネスコ創設60周年。
2007年	文化的表現の多様性の保護および促進に関する条約が発効。
2009年	水中文化遺産保護に関する条約が発効。
2011年	第18回世界遺産条約締約国総会で「世界遺産条約履行の為の戦略的行動計画2012〜2022」を決議。
2012年	世界遺産条約採択40周年記念行事 メイン・テーマ「世界遺産と持続可能な発展：地域社会の役割」
2015年	平和の大切さを再認識する為の「世界遺産に関するボン宣言」を採択。
2016年10月24〜26日	第40回世界遺産委員会イスタンブール会議は、不測の事態で3日間中断、未審議となっていた登録範囲の拡大など境界変更の申請、オペレーショナル・ガイドラインズの改訂など懸案事項の審議を、パリのユネスコ本部で再開。
2017年	世界遺産条約締約国数　193か国（8月現在）
2017年10月5〜6日	ドイツのハンザ都市リューベックで第3回ヨーロッパ世界遺産協会の会議。
2018年9月10日	「モスル精神の復活：モスル市の復興の為の国際会議」をユネスコ本部で開催。
2020年6月〜7月	第44回世界遺産委員会から、新登録に関わる登録推薦件数は1国1件、審査件数の上限は35になる。
2022年	世界遺産条約採択50周年
2030年	持続可能な開発目標（SDGs）17ゴール

5 世界遺産条約の理念と目的

「顕著な普遍的価値」（Outstanding Universal Value）を有する自然遺産および文化遺産を人類全体のための世界遺産として、破壊、損傷等の脅威から保護・保存することが重要であるとの観点から、国際的な協力および援助の体制を確立することを目的としている。

6 世界遺産条約の主要規定

- 保護の対象は、遺跡、建造物群、記念工作物、自然の地域等で普遍的価値を有するもの(第1〜3条)。
- 締約国は、自国内に存在する遺産を保護する義務を認識し、最善を尽くす（第4条）。
  また、自国内に存在する遺産については、保護に協力することが国際社会全体の義務であることを認識する（第6条）。
- 「世界遺産委員会」（委員国は締約国から選出）の設置(第8条)。「世界遺産委員会」は、各締約国が推薦する候補物件を審査し、その結果に基づいて「世界遺産リスト」、また、大規模災害、武力紛争、各種開発事業、それに、自然環境の悪化などの事由で、極度な危機にさらされ緊急の救済措置が必要とされる物件は「危機にさらされている世界遺産リスト」を作成する。（第11条）。
- 締約国からの要請に基づき、「世界遺産リスト」に登録された物件の保護のための国際的援助の供与を決定する。同委員会の決定は、出席しかつ投票する委員国の2／3以上の多数による議決で行う（第13条）。
- 締約国の分担金（ユネスコ分担金の1％を超えない額）、および任意拠出金、その他の寄付金等を財源とする、「世界遺産」のための「世界遺産基金」を設立（第15条、第16条）。
- 「世界遺産委員会」が供与する国際的援助は、調査・研究、専門家派遣、研修、機材供与、資金協力等の形をとる（第22条）。
- 締約国は、自国民が「世界遺産」を評価し尊重することを強化するための教育・広報活動に努める（第27条）。

7 世界遺産条約の事務局と役割

ユネスコ世界遺産センター（UNESCO World Heritage Centre）
　　所長：メヒティルト・ロスラー氏（Dr. Mechtild Rössler　2015年9月～
　　　　　（専門分野　文化・自然遺産、計画史、文化地理学、地球科学など
　　　　　1991年からユネスコに奉職、1992年からユネスコ世界遺産センター、
　　　　　2003年から副所長を経て現職、文化局・文化遺産部長兼務　ドイツ出身）
7 place de Fontenoy　75352 Paris 07 SP　France　℡33-1-45681889　Fax 33-1-45685570
電子メール：wh-info@unesco.org　インターネット：http://www.unesco.org/whc

　ユネスコ世界遺産センターは1992年にユネスコ事務局長によって設立され、ユネスコの組織では、現在、文化セクターに属している。スタッフ数、組織、主な役割と仕事は、次の通り。

＜スタッフ数＞　約60名

＜組織＞
　自然遺産課、政策、法制整備課、促進・広報・教育課、アフリカ課、アラブ諸国課、
　アジア・太平洋課、ヨーロッパ課、ラテンアメリカ・カリブ課、世界遺産センター事務部

＜主な役割と仕事＞
● 世界遺産ビューロー会議と世界遺産委員会の運営
● 締結国に世界遺産を推薦する準備のためのアドバイス
● 技術的な支援の管理
● 危機にさらされた世界遺産への緊急支援
● 世界遺産基金の運営
● 技術セミナーやワークショップの開催
● 世界遺産リストやデータベースの作成
● 世界遺産の理念を広報するための教育教材の開発。

＜ユネスコ世界遺産センターの歴代所長＞

	出身国	在任期間
● バーン・フォン・ドロステ（Bernd von Droste）	ドイツ	1992年～1999年
● ムニール・ブシュナキ（Mounir Bouchenaki）	アルジェリア	1999年～2000年
● フランチェスコ・バンダリン（Francesco Bandarin）	イタリア	2000年9月～2010年
● キショール・ラオ（Kishore Rao）	インド	2011年3月～2015年8月
● メヒティルト・ロスラー（Mechtild Rossler）	ドイツ	2015年9月～

8 世界遺産条約の締約国（193の国と地域）と世界遺産の数（167の国と地域 1092物件）

　2019年6月現在、167の国と地域1092件（**自然遺産** 209件、**文化遺産** 845件、**複合遺産** 38件）が、このリストに記載されている。また、大規模災害、武力紛争、各種開発事業、それに、自然環境の悪化などの事由で、極度な危機にさらされ緊急の救済措置が必要とされる物件は「**危機にさらされている世界遺産リスト**」（略称 危機遺産リスト 本書では、★【危機遺産】と表示）に登録され、2019年6月現在、54件（34の国と地域）が登録されている。

＜地域別・世界遺産条約締約日順＞　※地域分類は、ユネスコ世界遺産センターの分類に準拠。

<アフリカ>締約国（46か国）

※国名の前の番号は、世界遺産条約の締約順。

国名	世界遺産条約締約日	自然遺産	文化遺産	複合遺産	合計	【うち危機遺産】
8 コンゴ民主共和国	1974年 9月23日 批准(R)	5	0	0	5	(5)
9 ナイジェリア	1974年10月23日 批准(R)	0	2	0	2	(0)
10 ニジェール	1974年12月23日 受諾(Ac)	2*㉟	1	0	3	(1)
16 ガーナ	1975年 7月 4日 批准(R)	0	2	0	2	(0)
21 セネガル	1976年 2月13日 批准(R)	2	5*⑱	0	7	(1)
27 マリ	1977年 4月 5日 受諾(Ac)	0	3	1	4	(3)
30 エチオピア	1977年 7月 6日 批准(R)	1	8	0	9	(0)
31 タンザニア	1977年 8月 2日 批准(R)	3	3	1	7	(0)
44 ギニア	1979年 3月18日 批准(R)	1*②	0	0	1	(0)
51 セイシェル	1980年 4月 9日 受諾(Ac)	2	0	0	2	(0)
55 中央アフリカ	1980年12月22日 批准(R)	2*㉖	0	0	2	(0)
56 コートジボワール	1981年 1月 9日 批准(R)	3*②	1	0	4	(0)
61 マラウイ	1982年 1月 5日 批准(R)	1	1	0	2	(0)
64 ブルンディ	1982年 5月19日 批准(R)	0	0	0	0	(0)
65 ベナン	1982年 6月14日 批准(R)	1*㉟	1	0	2	(0)
66 ジンバブエ	1982年 8月16日 批准(R)	2*①	3	0	5	(0)
68 モザンビーク	1982年11月27日 批准(R)	0	1	0	1	(0)
69 カメルーン	1982年12月 7日 批准(R)	2*㉖	0	0	2	(0)
74 マダガスカル	1983年 7月19日 批准(R)	2	1	0	3	(1)
80 ザンビア	1984年 6月 4日 批准(R)	1*①	0	0	1	(0)
90 ガボン	1986年12月30日 批准(R)	0	0	1	1	(0)
93 ブルキナファソ	1987年 4月 2日 批准(R)	1*㉟	1	0	2	(0)
94 ガンビア	1987年 7月 1日 批准(R)	0	2*⑱	0	2	(0)
97 ウガンダ	1987年11月20日 受諾(Ac)	2	1	0	3	(1)
98 コンゴ	1987年12月10日 批准(R)	1*㉖	0	0	1	(0)
100 カーボヴェルデ	1988年 4月28日 受諾(Ac)	0	1	0	1	(0)
115 ケニア	1991年 6月 5日 受諾(Ac)	3	4	0	7	(0)
120 アンゴラ	1991年11月 7日 批准(R)	0	1	0	1	(0)
143 モーリシャス	1995年 9月19日 批准(R)	0	2	0	2	(0)
149 南アフリカ	1997年 7月10日 批准(R)	4	5	1*㉘	10	(0)
152 トーゴ	1998年 4月15日 受諾(Ac)	0	1	0	1	(0)
155 ボツワナ	1998年11月23日 受諾(Ac)	1	1	0	2	(0)
156 チャド	1999年 6月23日 批准(R)	1	1	0	2	(0)
158 ナミビア	2000年 4月 6日 受諾(Ac)	1	1	0	2	(0)
160 コモロ	2000年 9月27日 受諾(Ac)	0	0	0	0	(0)
161 ルワンダ	2000年12月28日 受諾(Ac)	0	0	0	0	(0)
167 エリトリア	2001年10月24日 受諾(Ac)	0	1	0	1	(0)
168 リベリア	2002年 3月28日 受諾(Ac)	0	0	0	0	(0)
177 レソト	2003年11月25日 受諾(Ac)	0	0	1*㉘	1	(0)
179 シエラレオネ	2005年 1月 7日 批准(R)	0	0	0	0	(0)
181 スワジランド	2005年11月30日 批准(R)	0	0	0	0	(0)
182 ギニア・ビサウ	2006年 1月28日 批准(R)	0	0	0	0	(0)
184 サントメ・プリンシペ	2006年 7月25日 批准(R)	0	0	0	0	(0)
185 ジブチ	2007年 8月30日 批准(R)	0	0	0	0	(0)
187 赤道ギニア	2010年 3月10日 批准(R)	0	0	0	0	(0)
192 南スーダン	2016年 3月 9日 批准(R)	0	0	0	0	(0)
合計	35か国	38	52	5	95	(15)

ユネスコ世界遺産の概要

( ) 内は複数国にまたがる物件　(4)　(1)　(1)　(6)　(1)

＜アラブ諸国＞締約国（19の国と地域）　※国名の前の番号は、世界遺産条約の締約順。

国名	世界遺産条約締約日	自然遺産	文化遺産	複合遺産	合計	【うち危機遺産】
2 エジプト	1974年 2月 7日 批准 (R)	1	6	0	7	(1)
3 イラク	1974年 3月 5日 受諾 (Ac)	0	4	1	5	(3)
5 スーダン	1974年 6月 6日 批准 (R)	1	2	0	3	(0)
6 アルジェリア	1974年 6月24日 批准 (R)	0	6	1	7	(0)
12 チュニジア	1975年 3月10日 批准 (R)	1	7	0	8	(0)
13 ヨルダン	1975年 5月 5日 批准 (R)	0	5	1	6	(1)
17 シリア	1975年 8月13日 受諾 (Ac)	0	6	0	6	(6)
20 モロッコ	1975年10月28日 批准 (R)	0	9	0	9	(0)
38 サウジアラビア	1978年 8月 7日 受諾 (Ac)	0	5	0	5	(0)
40 リビア	1978年10月13日 批准 (R)	0	5	0	5	(5)
54 イエメン	1980年10月 7日 批准 (R)	1	3	0	4	(3)
57 モーリタニア	1981年 3月 2日 受諾 (Ac)	1	1	0	2	(0)
60 オマーン	1981年10月 6日 受諾 (Ac)	0	5	0	5	(0)
70 レバノン	1983年 2月 3日 批准 (R)	0	5	0	5	(0)
81 カタール	1984年 9月12日 受諾 (Ac)	0	1	0	1	(0)
114 バーレーン	1991年 5月28日 批准 (R)	0	2	0	2	(0)
163 アラブ首長国連邦	2001年 5月11日 加入 (A)	0	1	0	1	(0)
171 クウェート	2002年 6月 6日 受諾 (Ac)	0	0	0	0	(0)
189 パレスチナ	2011年12月 8日 批准 (R)	0	3	0	3	(3)
合計	18の国と地域	5	76	3	84	(22)

＜アジア・太平洋＞締約国（44か国）　※国名の前の番号は、世界遺産条約の締約順。

国名	世界遺産条約締約日	自然遺産	文化遺産	複合遺産	合計	【うち危機遺産】
7 オーストラリア	1974年 8月22日 批准 (R)	12	3	4	19	(0)
11 イラン	1975年 2月26日 受諾 (Ac)	1	22	0	23	(0)
24 パキスタン	1976年 7月23日 批准 (R)	0	6	0	6	(0)
34 インド	1977年11月14日 批准 (R)	8	28*[33]	1	37	(0)
36 ネパール	1978年 6月20日 受諾 (Ac)	2	2	0	4	(0)
45 アフガニスタン	1979年 3月20日 批准 (R)	0	2	0	2	(2)
52 スリランカ	1980年 6月 6日 受諾 (Ac)	2	6	0	8	(0)
75 バングラデシュ	1983年 8月 3日 受諾 (Ac)	1	2	0	3	(0)
82 ニュージーランド	1984年11月22日 批准 (R)	2	0	1	3	(0)
86 フィリピン	1985年 9月19日 批准 (R)	3	3	0	6	(0)
87 中国	1985年12月12日 批准 (R)	13	36*[30]	4	53	(0)
88 モルジブ	1986年 5月22日 受諾 (Ac)	0	0	0	0	(0)
92 ラオス	1987年 3月20日 批准 (R)	0	2	0	2	(0)
95 タイ	1987年 9月17日 受諾 (Ac)	2	3	0	5	(0)
96 ヴェトナム	1987年10月19日 受諾 (Ac)	2	5	1	8	(0)
101 韓国	1988年 9月14日 受諾 (Ac)	1	12	0	13	(0)
105 マレーシア	1988年12月 7日 批准 (R)	2	2	0	4	(0)
107 インドネシア	1989年 7月 6日 受諾 (Ac)	4	4	0	8	(1)
109 モンゴル	1990年 2月 2日 受諾 (Ac)	2*[13,57]	3	0	5	(0)
113 フィジー	1990年11月21日 批准 (R)	0	1	0	1	(0)
121 カンボジア	1991年11月28日 受諾 (Ac)	0	3	0	3	(0)
123 ソロモン諸島	1992年 6月10日 加入 (A)	1	0	0	1	(1)
124 日本	1992年 6月30日 受諾 (Ac)	4	18*[33]	0	22	(0)

番号	国名	世界遺産条約締約日			自然遺産	文化遺産	複合遺産	合計	【うち危機遺産】
127	タジキスタン	1992年 8月28日	承継の通告	(S)	1	1	0	2	(0)
131	ウズベキスタン	1993年 1月13日	承継の通告	(S)	1*32	4	0	5	(1)
137	ミャンマー	1994年 4月29日	受諾	(Ac)	0	1	0	1	(0)
138	カザフスタン	1994年 4月29日	受諾	(Ac)	2*32	3*30	0	5	(0)
139	トルクメニスタン	1994年 9月30日	承継の通告	(S)	0	3	0	3	(0)
142	キルギス	1995年 7月 3日	受諾	(Ac)	1*32	2*30	0	3	(0)
150	パプア・ニューギニア	1997年 7月28日	受諾	(Ac)	0	1	0	1	(0)
153	朝鮮民主主義人民共和国	1998年 7月21日	受諾	(Ac)	0	2	0	2	(0)
159	キリバス	2000年 5月12日	受諾	(Ac)	1	0	0	1	(0)
162	ニウエ	2001年 1月23日	受諾	(Ac)	0	0	0	0	(0)
164	サモア	2001年 8月28日	受諾	(Ac)	0	0	0	0	(0)
166	ブータン	2001年10月22日	批准	(R)	0	0	0	0	(0)
170	マーシャル諸島	2002年 4月24日	受諾	(Ac)	0	1	0	1	(0)
172	パラオ	2002年 6月11日	受諾	(Ac)	0	0	1	1	(0)
173	ヴァヌアツ	2002年 6月13日	批准	(R)	0	1	0	1	(0)
174	ミクロネシア連邦	2002年 7月22日	受諾	(Ac)	0	1	0	1	(1)
178	トンガ	2004年 4月30日	受諾	(Ac)	0	0	0	0	(0)
186	クック諸島	2009年 1月16日	批准	(R)	0	0	0	0	(0)
188	ブルネイ	2011年 8月12日	批准	(R)	0	0	0	0	(0)
190	シンガポール	2012年 6月19日	批准	(R)	0	1	0	1	(0)
193	東ティモール	2016年10月31日	批准	(R)	0	0	0	0	(0)
	合計	36か国			65	182	12	259	(6)
		（　）内は複数国にまたがる物件			(3)	(2)		(5)	

＜ヨーロッパ・北米＞締約国（51か国）

※国名の前の番号は、世界遺産条約の締約順。

番号	国名	世界遺産条約締約日			自然遺産	文化遺産	複合遺産	合計	【うち危機遺産】
1	アメリカ合衆国	1973年12月 7日	批准	(R)	12*6 7	10	1	23	(1)
4	ブルガリア	1974年 3月 7日	受諾	(Ac)	3*20	7	0	10	(0)
15	フランス	1975年 6月27日	受諾	(Ac)	4	39*15 25 33	1*10	44	(0)
18	キプロス	1975年 8月14日	受諾	(Ac)	0	3	0	3	(0)
19	スイス	1975年 9月17日	批准	(R)	3*23	9*21 25 33	0	12	(0)
22	ポーランド	1976年 6月29日	批准	(R)	1*3	14*14 29	0	15	(0)
23	カナダ	1976年 7月23日	受諾	(Ac)	10*6 7	8	1	19	(0)
25	ドイツ	1976年 8月23日	批准	(R)	3*20 22	41*14 16 25 33	0	44	(0)
28	ノルウェー	1977年 5月12日	批准	(R)	1	7*17	0	8	(0)
37	イタリア	1978年 6月23日	批准	(R)	5*20 23	49*5 21 25 36	0	54	(0)
41	モナコ	1978年11月 7日	批准	(R)	0	0	0	0	(0)
42	マルタ	1978年11月14日	受諾	(Ac)	0	3	0	3	(0)
47	デンマーク	1979年 7月25日	批准	(R)	3*22	7	0	10	(0)
53	ポルトガル	1980年 9月30日	批准	(R)	1	14*24	0	15	(0)
59	ギリシャ	1981年 7月17日	批准	(R)	0	16	2	18	(0)
63	スペイン	1982年 5月 4日	受諾	(Ac)	4*20	41*24 27	2*10	47	(0)
67	ヴァチカン	1982年10月 7日	加入	(A)	0	2*5	0	2	(0)
71	トルコ	1983年 3月16日	批准	(R)	0	16	2	18	(0)
76	ルクセンブルク	1983年 9月28日	批准	(R)	0	1	0	1	(0)
79	英国	1984年 5月29日	批准	(R)	4	26*16	1	31	(1)
83	スウェーデン	1985年 1月22日	批准	(R)	1*19	13*17	1	15	(0)
85	ハンガリー	1985年 7月15日	受諾	(Ac)	1*4	7*17	0	8	(0)
91	フィンランド	1987年 3月 4日	批准	(R)	1*19	6*17	0	7	(0)

番号	国名	世界遺産条約締約日		自然遺産	文化遺産	複合遺産	合計	【うち危機遺産】
102	ベラルーシ	1988年10月12日	批准 (R)	1*③	3*⑰	0	4	(0)
103	ロシア連邦	1988年10月12日	批准 (R)	11*⑬	17*⑪⑰	0	28	(0)
104	ウクライナ	1988年10月12日	批准 (R)	1*⑳	5*⑰㉙	0	6	(0)
108	アルバニア	1989年 7月10日	批准 (R)	1*⑳	2	0	3	(0)
110	ルーマニア	1990年 5月16日	受諾 (Ac)	2*⑳	6	0	8	(0)
116	アイルランド	1991年 9月16日	批准 (R)	0	2	0	2	(0)
119	サン・マリノ	1991年10月18日	批准 (R)	0	1	0	1	(0)
122	リトアニア	1992年 3月31日	受諾 (Ac)	0	4*⑪⑰	0	4	(0)
125	クロアチア	1992年 7月 6日	承継の通告 (S)	2*⑳	8*㉞㊱	0	10	(0)
126	オランダ	1992年 8月26日	受諾 (Ac)	1*㉒	9	0	10	(0)
128	ジョージア	1992年11月 4日	承継の通告 (S)	0	3	0	3	(0)
129	スロヴェニア	1992年11月 5日	承継の通告 (S)	2*⑳	2*㉕㉗	0	4	(0)
130	オーストリア	1992年12月18日	批准 (R)	1*⑳	9*⑫㉕	0	10	(1)
132	チェコ	1993年 3月26日	承継の通告 (S)	0	12	0	12	(0)
133	スロヴァキア	1993年 3月31日	承継の通告 (S)	2*④⑳	5	0	7	(0)
134	ボスニア・ヘルツェゴヴィナ	1993年 7月12日	承継の通告 (S)	0	3*㉞	0	3	(0)
135	アルメニア	1993年 9月 5日	承継の通告 (S)	0	3	0	3	(0)
136	アゼルバイジャン	1993年12月16日	批准 (R)	0	2	0	2	(0)
140	ラトヴィア	1995年 1月10日	受諾 (Ac)	0	2*⑰	0	2	(0)
144	エストニア	1995年10月27日	受諾 (Ac)	0	2*⑰	0	2	(0)
145	アイスランド	1995年12月19日	批准 (R)	1	1	0	2	(0)
146	ベルギー	1996年 7月24日	批准 (R)	1*⑳	12*⑮㉝	0	13	(0)
147	アンドラ	1997年 1月 3日	受諾 (Ac)	0	1	0	1	(0)
148	マケドニア・旧ユーゴスラビア	1997年 4月30日	承継の通告 (S)	0	0	1	1	(0)
157	イスラエル	1999年10月 6日	受諾 (Ac)	0	9	0	9	(0)
165	セルビア	2001年 9月11日	承継の通告 (S)	0	5*㉞	0	5	(1)
175	モルドヴァ	2002年 9月23日	批准 (R)	0	1*⑰	0	1	(0)
183	モンテネグロ	2006年 6月 3日	承継の通告 (S)	1	3*㉞㊱	0	4	(0)
	合計	50か国		65	440	11	516	(4)
		( )内は複数国にまたがる物件		(10)	(15)	(1)	(26)	

<ラテンアメリカ・カリブ>締約国（33か国） ※国名の前の番号は、世界遺産条約の締約順。

番号	国名	世界遺産条約締約日		自然遺産	文化遺産	複合遺産	合計	【うち危機遺産】
14	エクアドル	1975年 6月16日	受諾 (Ac)	2	3*㉛	0	5	(0)
26	ボリヴィア	1976年10月 4日	批准 (R)	1	6*㉛	0	7	(1)
29	ガイアナ	1977年 6月20日	受諾 (Ac)	0	0	0	0	(0)
32	コスタリカ	1977年 8月23日	批准 (R)	3*⑧	1	0	4	(0)
33	ブラジル	1977年 9月 1日	受諾 (Ac)	7	14*⑨	0	21	(0)
35	パナマ	1978年 3月 3日	批准 (R)	3*⑧	2	0	5	(1)
39	アルゼンチン	1978年 8月23日	受諾 (Ac)	5	6*⑨㉛㉝	0	11	(0)
43	グアテマラ	1979年 1月16日	批准 (R)	0	2	1	3	(0)
46	ホンジュラス	1979年 6月 8日	批准 (R)	1	1	0	2	(1)
48	ニカラグア	1979年12月17日	受諾 (Ac)	0	2	0	2	(0)
49	ハイチ	1980年 1月18日	批准 (R)	0	1	0	1	(0)
50	チリ	1980年 2月20日	批准 (R)	0	6*㉛	0	6	(1)
58	キューバ	1981年 3月24日	批准 (R)	2	7	0	9	(0)
62	ペルー	1982年 2月24日	批准 (R)	2	8*㉛	2	12	(1)
72	コロンビア	1983年 5月24日	受諾 (Ac)	2	6*㉛	1	9	(0)
73	ジャマイカ	1983年 6月14日	受諾 (Ac)	0	0	1	1	(0)

	国名	日付	区分	自然遺産	文化遺産	複合遺産	合計	【うち危機遺産】
77	アンチグア・バーブーダ	1983年11月1日	受諾(Ac)	0	1	0	1	(0)
78	メキシコ	1984年2月23日	受諾(Ac)	6	27	2	35	(0)
84	ドミニカ共和国	1985年2月12日	批准(R)	0	1	0	1	(0)
89	セントキッツ・ネイヴィース	1986年7月10日	受諾(Ac)	0	1	0	1	(0)
99	パラグアイ	1988年4月27日	批准(R)	0	1	0	1	(0)
106	ウルグアイ	1989年3月9日	受諾(Ac)	0	2	0	2	(0)
111	ヴェネズエラ	1990年10月30日	受諾(Ac)	1	2	0	3	(1)
112	ベリーズ	1990年11月6日	批准(R)	1	0	0	1	(1)
117	エルサルバドル	1991年10月8日	受諾(Ac)	0	1	0	1	(0)
118	セントルシア	1991年10月14日	受諾(Ac)					
141	ドミニカ国	1995年4月4日	批准(R)					
151	スリナム	1997年10月23日	受諾(Ac)	1	1	0	2	(0)
154	グレナダ	1998年8月13日	受諾(Ac)	0	0	0	0	(0)
169	バルバドス	2002年4月9日	受諾(Ac)	0	1	0	1	(0)
176	セント・ヴィンセントおよびグレナディーン諸島	2003年2月3日	批准(R)					
180	トリニダード・トバコ	2005年2月16日	批准(R)					
191	バハマ	2014年5月15日	批准(R)	0	0	0	0	(0)
	合計	28か国		38	97	7	142	(7)
	( )内は複数国にまたがる物件			(1)	(3)		(4)	

			自然遺産	文化遺産	複合遺産	合計	【うち危機遺産】
総合計	167の国と地域		209	845	38	1092	(54)
( )内は、複数国にまたがる物件の数			(16)	(19)	(2)	(37)	(1)

(注)「批准」とは、いったん署名された条約を、署名した国がもち帰って再検討し、その条約に拘束されることについて、最終的、かつ、正式に同意すること。批准された条約は、批准書を寄託者に送付することによって正式に効力をもつ。多数国間条約の寄託者は、それぞれの条約で決められるが、世界遺産条約は、国連教育科学文化機関(ユネスコ)事務局長を寄託者としている。「批准」、「受諾」、「加入」のどの手続きをとる場合でも、「条約に拘束されることについての国の同意」としての効果は同じだが、手続きの複雑さが異なる。この条約の場合、「批准」、「受諾」は、ユネスコ加盟国がこの条約に拘束されることに同意する場合、「加入」は、ユネスコ非加盟国が同意する場合にそれぞれ用いる手続き。「批准」と他の2つの最大の違いは、わが国の場合、天皇による認証という手順を踏むこと。「受諾」、「承認」、「加入」の3つは、手続的には大きな違いはなく、基本的には寄託する文書の書式、タイトルが違うだけである。

(注) ＊複数国にまたがる世界遺産

①	モシ・オア・トゥニャ(ヴィクトリア瀑布)	自然遺産	ザンビア、ジンバブエ	
②	ニンバ山厳正自然保護区	自然遺産	ギニア、コートジボワール	★【危機遺産】
③	ビャウォヴィエジャ森林	自然遺産	ベラルーシ、ポーランド	
④	アグテレック・カルストとスロヴァキア・カルストの鍾乳洞群	自然遺産	ハンガリー、スロヴァキア	
⑤	ローマ歴史地区、教皇領とサンパオロ・フォーリ・レ・ムーラ大聖堂	文化遺産	イタリア、ヴァチカン	
⑥	クルエーン/ランゲルーセントエライアス/グレーシャーベイ/タッシェンシニ・アルセク	自然遺産	カナダ、アメリカ合衆国	
⑦	ウォータートン・グレーシャー国際平和自然公園	自然遺産	カナダ、アメリカ合衆国	
⑧	タラマンカ地方-ラ・アミスター保護区群/ラ・アミスター国立公園	自然遺産	コスタリカ、パナマ	
⑨	グアラニー人のイエズス会伝道所	文化遺産	アルゼンチン、ブラジル	
⑩	ピレネー地方-ペルデュー山	複合遺産	フランス、スペイン	
⑪	クルシュ砂州	文化遺産	リトアニア、ロシア連邦	
⑫	フェルトゥー・ノイジィードラーゼーの文化的景観	文化遺産	オーストリア、ハンガリー	
⑬	ウフス・ヌール盆地	自然遺産	モンゴル、ロシア連邦	
⑭	ムスカウ公園/ムザコフスキー公園	文化遺産	ドイツ、ポーランド	

⑮ベルギーとフランスの鐘楼群	文化遺産	ベルギー、フランス	
⑯ローマ帝国の国境界線	文化遺産	英国、ドイツ	
⑰シュトルーヴェの測地弧	文化遺産	ノルウェー、スウェーデン、フィンランド、エストニア、ラトヴィア、リトアニア、ロシア連邦、ベラルーシ、ウクライナ、モルドヴァ	
⑱セネガンビアの環状列石群	文化遺産	ガンビア、セネガル	
⑲ハイ・コースト/クヴァルケン群島	自然遺産	スウェーデン、フィンランド	
⑳カルパチア山脈とヨーロッパの他の地域の原生ブナ林群	自然遺産	ウクライナ、スロヴァキア、ドイツ、アルバニア、オーストリア、ベルギー、ブルガリア、クロアチア、イタリア、ルーマニア、スロヴェニア、スペイン	
㉑レーティシェ鉄道アルブラ線とベルニナ線の景観群	文化遺産	イタリア、スイス	
㉒ワッデン海	自然遺産	ドイツ、オランダ	
㉓モン・サン・ジョルジオ	自然遺産	イタリア、スイス	
㉔コア渓谷とシエガ・ヴェルデの先史時代の岩壁画	文化遺産	ポルトガル、スペイン	
㉕アルプス山脈周辺の先史時代の杭上住居群	文化遺産	スイス、オーストリア、フランス、ドイツ、イタリア、スロヴェニア	
㉖サンガ川の三か国流域	自然遺産	コンゴ、カメルーン、中央アフリカ	
㉗水銀の遺産、アルマデン鉱山とイドリャ鉱山	文化遺産	スペイン、スロヴェニア	
㉘マロティ-ドラケンスバーグ公園	複合遺産	南アフリカ、レソト	
㉙ポーランドとウクライナのカルパチア地方の木造教会群	文化遺産	ポーランド、ウクライナ	
㉚シルクロード:長安・天山回廊の道路網	文化遺産	カザフスタン、キルギス、中国	
㉛カパック・ニャン、アンデス山脈の道路網	文化遺産	コロンビア、エクアドル、ペルー、ボリヴィア、チリ、アルゼンチン	
㉜西天山	自然遺産	カザフスタン、キルギス、ウズベキスタン	
㉝ル・コルビュジエの建築作品－近代化運動への顕著な貢献	文化遺産	フランス、スイス、ベルギー、ドイツ、インド、日本、アルゼンチン	
㉞ステチェツィの中世の墓碑群	文化遺産	ボスニア・ヘルツェゴヴィナ、クロアチア、セルビア、モンテネグロ	
㉟W・アルリ・ペンジャリ国立公園遺産群	自然遺産	ニジェール、ベナン、ブルキナファソ	
㊱16～17世紀のヴェネツィアの防衛施設群：スタート・ダ・テーラ-西スタート・ダ・マール	文化遺産	イタリア、クロアチア、モンテネグロ	
㊲ダウリアの景観群	自然遺産	モンゴル、ロシア連邦	

⑨ 世界遺産条約締約国総会の開催歴

回次	開催都市（国名）	開催期間
第1回	ナイロビ（ケニア）	1976年11月26日
第2回	パリ（フランス）	1978年11月24日
第3回	ベオグラード（ユーゴスラヴィア）	1980年10月 7日
第4回	パリ（フランス）	1983年10月28日
第5回	ソフィア（ブルガリア）	1985年11月 4日
第6回	パリ（フランス）	1987年10月30日
第7回	パリ（フランス）	1989年11月 9日～11月13日
第8回	パリ（フランス）	1991年11月 2日
第9回	パリ（フランス）	1993年10月29日～10月30日
第10回	パリ（フランス）	1995年11月 2日～11月 3日
第11回	パリ（フランス）	1997年10月27日～10月28日

第12回	パリ（フランス）	1999年10月28日～10月29日
第13回	パリ（フランス）	2001年11月6日～11月7日
第14回	パリ（フランス）	2003年10月14日～10月15日
第15回	パリ（フランス）	2005年10月10日～10月11日
第16回	パリ（フランス）	2007年10月24日～10月25日
第17回	パリ（フランス）	2009年10月23日～10月28日
第18回	パリ（フランス）	2011年11月7日～11月8日
第19回	パリ（フランス）	2013年11月19日～11月21日
第20回	パリ（フランス）	2015年11月18日～11月20日
第21回	パリ（フランス）	2017年11月14日～11月15日

臨時
第1回　パリ（フランス）　　　　　　　　　2014年11月13日～11月14日

⑩ 世界遺産委員会

世界遺産条約第8条に基づいて設置された政府間委員会で、「世界遺産リスト」と「危機にさらされている世界遺産リスト」の作成、リストに登録された遺産の保全状態のモニター、世界遺産基金の効果的な運用の検討などを行う。

（世界遺産委員会における主要議題）

- 定期報告（6年毎の地域別の世界遺産の状況、フォローアップ等）
- 「危険にさらされている世界遺産リスト」に登録されている物件のその後の改善状況の報告、「世界遺産リスト」に登録されている物件のうちリアクティブ・モニタリングに基づく報告
- 「世界遺産リスト」および「危険にさらされている世界遺産リスト」への登録物件の審議
   【新登録関係の世界遺産委員会の4つの決議区分】
   ① 登録（記載）（Inscription）　世界遺産リストに登録（記載）するもの。
   ② 情報照会（Referral）　追加情報の提出を求めた上で、次回以降の世界遺産委員会で再審議するもの。
   ③ 登録（記載）延期（Deferral）　より綿密な調査や登録推薦書類の抜本的な改定が必要なもの。登録推薦書類を再提出した後、約1年半をかけて再度、専門機関のIUCNやICOMOSの審査を受ける必要がある。
   ④ 不登録（不記載）（Decision not to inscribe）　登録（記載）にふさわしくないもの。例外的な場合を除いては、再度の登録推薦は不可。
- 「世界遺産基金」予算の承認と国際援助要請の審議
- グローバル戦略や世界遺産戦略の目標等の審議

⑪ 世界遺産委員会委員国

世界遺産委員会委員国は、世界遺産条約締結国の中から、世界の異なる地域および文化が均等に代表される様に選ばれた、21か国によって構成される。任期は原則6年であるが、4年に短縮できる。2年毎に開かれる世界遺産条約締約国総会で改選される。世界遺産委員会ビューローは、毎年、世界遺産委員会によって選出された7か国（◎議長国 1、○副議長国 5、□ラポルチュール（報告担当国）1）によって構成される。2019年6月現在の世界遺産委員会の委員国は、下記の通り。

オーストラリア、バーレーン、ボスニア・ヘルツェゴヴィナ、ブラジル、中国、グアテマラ、

ハンガリー、キルギス、ノルウェー、セントキッツ・ネイヴィース、スペイン、ウガンダ
(任期 第41回ユネスコ総会の会期終了＜2021年11月頃＞まで)

アンゴラ、アゼルバイジャン、ブルキナファソ、キューバ、インドネシア、クウェート、チュニジア、タンザニア、ジンバブエ
(任期 第40回ユネスコ総会の会期終了＜2019年11月頃＞まで)

＜第43回世界遺産委員会＞
- ◎ 議長国　アゼルバイジャン
  - 議長：アブルファス・ガライェフ（H.E. Mr. Abulfaz Garayev）
- ○ 副議長国　ノルウェー、ブラジル、インドネシア、ブルキナファソ、チュニジア
- □ ラポルチュール(報告担当国)　オーストラリア　マハニ・テイラー（Ms. Mahani Taylor）

＜第42回世界遺産委員会＞
- ◎ 議長国　バーレーン
  - 議長：シャイハ・ハヤ・ラシード・アル・ハリーファ氏（Sheikha Haya Rashed Al Khalifa）国際法律家
- ○ 副議長国　アゼルバイジャン、ブラジル、中国、スペイン、ジンバブエ
- □ ラポルチュール(報告担当国)　ハンガリー　アンナ・E.ツァイヒナー（Ms.Anna E. Zeichner）

＜第41回世界遺産委員会ビューロー＞
- ◎ 議長国　ポーランド
  - 議長：ヤツェク・プルフラ氏（Pro. Jacek Purchla）
    クラクフ国際文化センター所長、ポーランド・ユネスコ国内委員会会長
- ○ 副議長国　アンゴラ、クウェート、ペルー、ポルトガル、韓国
- □ ラポルチュール(報告担当国)　タンザニア　ムハマド・ジュマ氏（Mr Muhammad Juma）

＜第40回世界遺産委員会ビューロー＞
- ◎ 議長国　トルコ
  - 議長：ラーレ・ウルケル氏（Ms Lale Ülkerr）トルコ外務省海外広報・文化局長
- ○ 副議長国　レバノン、ペルー、フィリピン、ポーランド、タンザニア
- □ ラポルチュール(報告担当国)　韓国　チョ・ユジン女史（Mrs Eugene JO）

＜第39回世界遺産委員会ビューロー＞
- ◎ 議長国　ドイツ
  - 議長：マリア・ベーマー 氏（Maria Boehmer）
    Minister of State of the German Foreign Office
- ○ 副議長国　クロアチア、インド、ジャマイカ、カタール、セネガル
- □ ラポルチュール(報告担当国)　レバノン　（Mr.Hichan Cheaib氏）

＜第38回世界遺産委員会ビューロー＞
- ◎ 議長国　カタール
  - 議長：マル・マサヤ・ビント・ハマド・ビン・アル・サーニ閣下夫人
    （H.E.Sheika Al Mayasa Bint Hamad Al.Thani）カタール美術館局理事長
- ○ 副議長国　アルジェリア、コロンビア、日本、ドイツ、セネガル
- □ ラポルチュール(報告担当国)　フランシスコ・J・グティエレス氏　（コロンビア）

⑫ 世界遺産委員会の開催歴

通常

回次	開催都市（国名）	開催期間	登録物件数
第1回	パリ（フランス）	1977年 6月27日～ 7月 1日	0
第2回	ワシントン（アメリカ合衆国）	1978年 9月 5日～ 9月 8日	12
第3回	ルクソール（エジプト）	1979年10月22日～10月26日	45
第4回	パリ（フランス）	1980年 9月 1日～ 9月 5日	28
第5回	シドニー（オーストラリア）	1981年10月26日～10月30日	26
第6回	パリ（フランス）	1982年12月13日～12月17日	24
第7回	フィレンツェ（イタリア）	1983年12月 5日～12月 9日	29
第8回	ブエノスアイレス（アルゼンチン）	1984年10月29日～11月 2日	23
第9回	パリ（フランス）	1985年12月 2日～12月 6日	30
第10回	パリ（フランス）	1986年11月24日～11月28日	31
第11回	パリ（フランス）	1987年12月 7日～12月11日	41
第12回	ブラジリア（ブラジル）	1988年12月 5日～12月 9日	27
第13回	パリ（フランス）	1989年12月11日～12月15日	7
第14回	バンフ（カナダ）	1990年12月 7日～12月12日	17
第15回	カルタゴ（チュニジア）	1991年12月 9日～12月13日	22
第16回	サンタ・フェ（アメリカ合衆国）	1992年12月 7日～12月14日	20
第17回	カルタヘナ（コロンビア）	1993年12月 6日～12月11日	33
第18回	プーケット（タイ）	1994年12月12日～12月17日	29
第19回	ベルリン（ドイツ）	1995年12月 4日～12月 9日	29
第20回	メリダ（メキシコ）	1996年12月 2日～12月 7日	37
第21回	ナポリ（イタリア）	1997年12月 1日～12月 6日	46
第22回	京都（日本）	1998年11月30日～12月 5日	30
第23回	マラケシュ（モロッコ）	1999年11月29日～12月 4日	48
第24回	ケアンズ（オーストラリア）	2000年11月27日～12月 2日	61
第25回	ヘルシンキ（フィンランド）	2001年12月11日～12月16日	31
第26回	ブダペスト（ハンガリー）	2002年 6月24日～ 6月29日	9
第27回	パリ（フランス）	2003年 6月30日～ 7月 5日	24
第28回	蘇州（中国）	2004年 6月28日～ 7月 7日	34
第29回	ダーバン（南アフリカ）	2005年 7月10日～ 7月18日	24
第30回	ヴィリニュス（リトアニア）	2006年 7月 8日～ 7月16日	18
第31回	クライスト・チャーチ(ニュージーランド)	2007年 6月23日～ 7月 2日	22
第32回	ケベック（カナダ）	2008年 7月 2日～ 7月10日	27
第33回	セビリア（スペイン）	2009年 6月22日～ 6月30日	13
第34回	ブラジリア（ブラジル）	2010年 7月25日～ 8月 3日	21
第35回	パリ（フランス）	2011年 6月19日～ 6月29日	25
第36回	サンクトペテルブルク（ロシア連邦）	2012年 6月24日～ 7月 6日	26
第37回	プノンペン（カンボジア）	2013年 6月16日～ 6月27日	19
第38回	ドーハ（カタール）	2014年 6月15日～ 6月25日	26
第39回	ボン（ドイツ）	2015年 6月28日～ 7月 8日	24
第40回	イスタンブール（トルコ）	2016年 7月10日～ 7月17日*	21
〃	パリ（フランス）	2016年10月24日～10月26日*	
第41回	クラクフ（ポーランド）	2017年 7月 2日～ 7月12日	21
第42回	マナーマ（バーレーン）	2018年 6月24日～ 7月 4日	19
第43回	バクー（アゼルバイジャン）	2019年 6月30日～ 7月10日	X

(注) 当初登録された物件が、その後隣国を含めた登録地域の拡大・延長などで、新しい物件として統合・再登録された物件等を含む。
＊トルコでの不測の事態により、当初の会期を3日間短縮、10月にフランスのパリで審議継続した。

臨　時			
回　次	開催都市（国名）	開催期間	登録物件数
第1回	パリ（フランス）	1981年 9月10日〜 9月11日	1
第2回	パリ（フランス）	1997年10月29日	
第3回	パリ（フランス）	1999年 7月12日	
第4回	パリ（フランス）	1999年10月30日	
第5回	パリ（フランス）	2001年 9月12日	
第6回	パリ（フランス）	2003年 3月17日〜 3月22日	
第7回	パリ（フランス）	2004年12月 6日〜12月11日	
第8回	パリ（フランス）	2007年10月24日	
第9回	パリ（フランス）	2010年 6月14日	
第10回	パリ（フランス）	2011年11月 9日	

13 世界遺産の種類

世界遺産には、自然遺産、文化遺産、複合遺産の3種類に分類される。

□自然遺産（Natural Heritage）

自然遺産とは、無生物、生物の生成物、または、生成物群からなる特徴のある自然の地域で、鑑賞上、または、学術上、「顕著な普遍的価値」（Outstanding Universal Value）を有するもの、そして、地質学的、または、地形学的な形成物および脅威にさらされている動物、または、植物の種の生息地、または、自生地として区域が明確に定められている地域で、学術上、保存上、または、景観上、「顕著な普遍的価値」を有するものと定義することが出来る。

地球上の顕著な普遍的価値をもつ自然景観、地形・地質、生態系、生物多様性などを有する自然遺産の数は、2019年6月現在、209物件。

大地溝帯のケニアの湖水システム(ケニア)、セレンゲティ国立公園(タンザニア)、キリマンジャロ国立公園(タンザニア)、モシ・オア・トゥニャ〈ヴィクトリア瀑布〉(ザンビア／ジンバブエ)、サガルマータ国立公園(ネパール)、スマトラの熱帯雨林遺産(インドネシア)、屋久島(日本)、白神山地(日本)、知床(日本)、小笠原諸島(日本)、グレート・バリア・リーフ(オーストラリア)、スイス・アルプス ユングフラウ・アレッチ(スイス)、イルリサート・アイスフィヨルド(デンマーク)、バイカル湖(ロシア連邦)、カナディアン・ロッキー山脈公園(カナダ)、グランド・キャニオン国立公園(アメリカ合衆国)、エバーグレーズ国立公園(アメリカ合衆国)、レヴィジャヘド諸島(メキシコ)、ガラパゴス諸島(エクアドル)、イグアス国立公園(ブラジル／アルゼンチン) などがその代表的な物件。

□文化遺産（Cultural Heritage）

文化遺産とは、歴史上、芸術上、または、学術上、「顕著な普遍的価値」（Outstanding Universal Value）を有する記念物、建築物群、記念的意義を有する彫刻および絵画、考古学的な性質の物件および構造物、金石文、洞穴居ならびにこれらの物件の組合せで、歴史的、芸術上、または、学術上、「顕著な普遍的価値」を有するものをいう。

遺跡（Sites）とは、自然と結合したものを含む人工の所産および考古学的遺跡を含む区域で、歴史上、芸術上、民族学上、または、人類学上、「顕著な普遍的価値」を有するものをいう。

建造物群（Groups of buildings）とは、独立し、または、連続した建造物の群で、その建築様式、均質性、または、景観内の位置の為に、歴史上、芸術上、または、学術上、「顕著な普遍的価値」を有するものをいう。

モニュメント（Monuments）とは、建築物、記念的意義を有する彫刻および絵画、考古学的な性質の物件および構造物、金石文、洞穴居ならびにこれらの物件の組合せで、歴史的、芸術上、または、学術上、「顕著な普遍的価値」を有するものをいう。

人類の英知と人間活動の所産を様々な形で語り続ける顕著な普遍的価値をもつ遺跡、建造物群、モニュメントなどの文化遺産の数は、**2019年6月現在、845物件。**

モンバサのジーザス要塞(ケニア)、メンフィスとそのネクロポリス／ギザからダハシュールまでのピラミッド地帯（エジプト）、ペルセポリス(イラン)、サマルカンド(ウズベキスタン)、タージ・マハル(インド)、アンコール(カンボジア)、万里の長城（中国)、高句麗古墳群（北朝鮮）、古都京都の文化財(日本)、厳島神社(日本)、白川郷と五箇山の合掌造り集落(日本)、アテネのアクロポリス(ギリシャ)、ローマ歴史地区(イタリア)、ヴェルサイユ宮殿と庭園(フランス)、アルタミラ洞窟(スペイン)、ストーンヘンジ(英国)、ライン川上中流域の渓谷(ドイツ)、プラハの歴史地区(チェコ)、アウシュヴィッツ強制収容所(ポーランド)、クレムリンと赤の広場（ロシア連邦)、自由の女神像(アメリカ合衆国)、テオティワカン古代都市(メキシコ)、クスコ市街(ペルー)、ブラジリア(ブラジル)、ウマワカの渓谷(アルゼンチン)などがその代表的な物件。

文化遺産の中で、**文化的景観**（Cultural Landscapes）という概念に含まれる物件がある。
文化的景観とは、「人間と自然環境との共同作品」とも言える景観。文化遺産と自然遺産との中間的な存在で、現在は文化遺産の分類に含められており、次の三つのカテゴリーに分類することができる。

1) 庭園、公園など人間によって意図的に設計され創造されたと明らかに定義できる景観
2) 棚田など農林水産業などの産業と関連した有機的に進化する景観で、
次の2つのサブ・カテゴリーに分けられる。
①残存する(或は化石)景観（a relict (or fossil) landscape）
②継続中の景観（continuing landscape）
3) 聖山など自然的要素が強い宗教、芸術、文化などの事象と関連する文化的景観

コンソ族の文化的景観(エチオピア)、アハサー・オアシス、進化する文化的景観（サウジアラビア)、オルホン渓谷の文化的景観(モンゴル)、杭州西湖の文化的景観(中国)、紀伊山地の霊場と参詣道(日本)、石見銀山遺跡とその文化的景観(日本)、フィリピンのコルディリェラ山脈の棚田(フィリピン)、シンクヴェトリル国立公園(アイスランド)、シントラの文化的景観(ポルトガル)、ザルツカンマーグート地方のハルシュタットとダッハシュタインの文化的景観(オーストリア)、トカイ・ワイン地方の歴史的・文化的景観(ハンガリー)、ペルガモンとその多層的な文化的景観(トルコ)、ヴィニャーレス渓谷(キューバ)、パンプーリャ湖近代建築群(ブラジル)などがこの範疇に入る。

□**複合遺産**（Cultural and Natural Heritage）

自然遺産と文化遺産の両方の要件を満たしている物件が**複合遺産**で、最初から複合遺産として登録される場合と、はじめに、自然遺産、あるいは、文化遺産として登録され、その後、もう一方の遺産としても評価されて複合遺産となる場合がある。

世界遺産条約の本旨である自然と文化との結びつきを代表する複合遺産の数は、
2019年6月現在、38物件。

ワディ・ラム保護区（ヨルダン)、カンチェンジュンガ国立公園（インド)、泰山（中国)、チャンアン景観遺産群（ヴェトナム)、ウルル・カタジュタ国立公園（オーストラリア)、トンガリロ国立公園（ニュージーランド)、ギョレメ国立公園とカッパドキア（トルコ)、メテオラ（ギリシャ)、ピレネー地方－ペルデュー山（フランス／スペイン)、ティカル国立公園（グアテマラ)、マチュ・ピチュの歴史保護区（ペルー）などが代表的な物件

14 ユネスコ世界遺産の登録要件

　ユネスコ世界遺産の登録要件は、世界的に顕著な普遍的価値（outstanding universal value）を有することが前提であり、世界遺産委員会が定めた世界遺産の登録基準（クライテリア）の一つ以上を完全に満たしている必要がある。また、世界遺産としての価値を将来にわたって継承していく為の保護管理措置が担保されていることが必要である。

15 ユネスコ世界遺産の登録基準

　世界遺産委員会が定める世界遺産の登録基準（クライテリア）が設けられており、このうちの一つ以上の基準を完全に満たしていることが必要。

(i) 人類の創造的天才の傑作を表現するもの。→人類の創造的天才の傑作

(ii) ある期間を通じて、または、ある文化圏において、建築、技術、記念碑的芸術、町並み計画、景観デザインの発展に関し、人類の価値の重要な交流を示すもの。→人類の価値の重要な交流を示すもの

(iii) 現存する、または、消滅した文化的伝統、または、文明の、唯一の、または、少なくとも稀な証拠となるもの。→文化的伝統、文明の稀な証拠

(iv) 人類の歴史上、重要な時代を例証する、ある形式の建造物、建築物群、技術の集積、または、景観の顕著な例。→歴史上、重要な時代を例証する優れた例

(v) 特に、回復困難な変化の影響下で損傷されやすい状態にある場合における、ある文化（または、複数の文化）或は、環境と人間との相互作用を代表する伝統的集落、または、土地利用の顕著な例。→存続が危ぶまれている伝統的集落、土地利用の際立つ例

(vi) 顕著な普遍的な意義を有する出来事、現存する伝統、思想、信仰、または、芸術的、文学的作品と、直接に、または、明白に関連するもの。→普遍的出来事、伝統、思想、信仰、芸術、文学的作品と関連するもの

(vii) もっともすばらしい自然的現象、または、ひときわすぐれた自然美をもつ地域、及び、美的な重要性を含むもの。→自然景観

(viii) 地球の歴史上の主要な段階を示す顕著な見本であるもの。これには、生物の記録、地形の発達における重要な地学的進行過程、或は、重要な地形的、または、自然地理的特性などが含まれる。→地形・地質

(ix) 陸上、淡水、沿岸、及び、海洋生態系と動植物群集の進化と発達において、進行しつつある重要な生態学的、生物学的プロセスを示す顕著な見本であるもの。→生態系

(x) 生物多様性の本来的保全にとって、もっとも重要かつ意義深い自然生息地を含んでいるもの。これには、科学上、または、保全上の観点から、すぐれて普遍的価値をもつ絶滅の恐れのある種が存在するものを含む。→生物多様性

　（注）→ は、わかりやすい覚え方として、当シンクタンクが言い換えたものである。

16 ユネスコ世界遺産に登録されるまでの手順

　世界遺産リストへの登録物件の推薦は、個人や団体ではなく、世界遺産条約を締結した各国政府が行う。日本では、文化遺産は文化庁、自然遺産は環境省と林野庁が中心となって決定している。
　ユネスコの「世界遺産リスト」に登録されるプロセスは、政府が暫定リストに基づいて、パリに事務局がある世界遺産委員会に推薦し、自然遺産については、**IUCN**(国際自然保護連合)、文化遺産については、**ICOMOS**(イコモス　国際記念物遺跡会議)の専門的な評価報告書や**ICCROM**(イクロム　文化財保存修復研究国際センター)の助言などに基づいて審議され、世界遺産リストへの登録の可否が決定される。

　IUCN（The World Conservation Union　国際自然保護連合、以前は、自然及び天然資源の保全に関する国際同盟＜International Union for Conservation of Nature and Natural Resources＞）は、国連環境計画（UNEP）、ユネスコ（UNESCO）などの国連機関や世界自然保護基金（WWF）などの協力の下に、野生生物の保護、自然環境及び自然資源の保全に係わる調査研究、発展途上地域への支援などを行っているほか、絶滅のおそれのある世界の野生生物を網羅したレッド・リスト等を定期的に刊行している。
　世界遺産との関係では、IUCNは、世界遺産委員会への諮問機関としての役割を果たしている。自然保護や野生生物保護の専門家のワールド・ワイドなネットワークを通じて、自然遺産に推薦された物件が世界遺産にふさわしいかどうかの専門的な評価、既に世界遺産に登録されている物件の保全状態のモニタリング（監視）、締約国によって提出された国際援助要請の審査、人材育成活動への支援などを行っている。

　ICOMOS（International Council of Monuments and Sites　国際記念物遺跡会議）は、本部をフランス、パリに置く国際的な非政府組織（NGO）である。1965年に設立され、建築遺産及び考古学的遺産の保全のための理論、方法論、そして、科学技術の応用を推進することを目的としている。1964年に制定された「記念建造物および遺跡の保全と修復のための国際憲章」（ヴェネチア憲章）に示された原則を基盤として活動している。
　世界遺産条約に関するICOMOSの役割は、「世界遺産リスト」への登録推薦物件の審査＜現地調査（夏～秋）、イコモスパネル（11月末～12月初）、中間報告（1月中）＞、文化遺産の保存状況の監視、世界遺産条約締約国から提出された国際援助要請の審査、人材育成への助言及び支援などである。

【新登録候補物件の評価結果についての世界遺産委員会への4つの勧告区分】

① 登録（記載）勧告　　　　　　　　　　　　　　世界遺産としての価値を認め、世界遺産リストへの
　（Recommendation for Inscription）　　　　　　登録（記載）を勧める。

② 情報照会勧告　　　　　　　　　　　　　　　　世界遺産としての価値は認めるが、追加情報の提出を求
　（Recommendation for Referral）　　　　　　　　めた上で、次回以降の世界遺産委員会での審議を勧める。

③ 登録（記載）延期勧告　　　　　　　　　　　　より綿密な調査や登録推薦書類の抜本的な改定が必要
　（Recommendation for Deferral）　　　　　　　　なもの。登録推薦書類を再提出した後、約1年半をかけて、
　　　　　　　　　　　　　　　　　　　　　　　　再度、専門機関のIUCNやICOMOSの審査を受けること
　　　　　　　　　　　　　　　　　　　　　　　　を勧める。

④ 不登録（不記載）勧告　　　　　　　　　　　　登録（記載）にふさわしくないもの。
　（Not recommendation for Inscription）　　　　例外的な場合を除いて再推薦は不可とする。

　ICCROM（International Centre for the Study of the Preservation and Restoration of Cultural Property 文化財保存及び修復の研究のための国際センター）は、本部をイタリア、ローマにおく国際的な政府間機関（IGO）である。ユネスコによって1956年に設立され、不動産・動産の文化遺産の保全強化を目的とした研究、記録、技術支援、研修、普及啓発を行うことを目的としている。
　世界遺産条約に関するICCROMの役割は、文化遺産に関する研修において主導的な協力機関であること、文化遺産の保存状況の監視、世界遺産条約締約国から提出された国際援助要請の審査、人材育成への助言及び支援などである。

17 世界遺産暫定リスト

　世界遺産暫定リストとは、各世界遺産条約締約国が「世界遺産リスト」へ登録することがふさわしいと考える、自国の領域内に存在する物件の目録である。

従って、世界遺産条約締約国は、各自の世界遺産暫定リストに、将来、登録推薦を行う意思のある物件の名称を示す必要がある。
　2019年6月現在、世界遺産暫定リストに登録されている物件は、1732物件（178か国）であり、世界遺産暫定リストを、まだ作成していない国は、作成が必要である。また、追加や削除など、世界遺産暫定リストの定期的な見直しが必要である。

18 危機にさらされている世界遺産（略称　危機遺産　★【危機遺産】　54物件）

　ユネスコの「危機にさらされている世界遺産リスト」には、2019年6月現在、34の国と地域にわたって自然遺産が16物件、文化遺産が38物件の合計54物件が登録されている。地域別に見ると、アフリカが16物件、アラブ諸国が22物件、アジア・太平洋地域が6物件、ヨーロッパ・北米が4物件、ラテンアメリカ・カリブが6物件となっている。
　危機遺産になった理由としては、地震などの自然災害によるもの、民族紛争などの人為災害によるものなど多様である。世界遺産は、今、イスラム国などによる攻撃、破壊、盗難の危機にさらされている。こうした危機から回避していく為には、戦争や紛争のない平和な社会を築いていかなければならない。それに、開発と保全のあり方も多角的な視点から見つめ直していかなければならない。

　「危機遺産リスト」に登録されても、その後改善措置が講じられ、危機的状況から脱した場合は、「危機遺産リスト」から解除される。一方、一旦解除されても、再び危機にさらされた場合には、再度、「危機遺産リスト」に登録される。一向に改善の見込みがない場合には、「世界遺産リスト」そのものからの登録抹消もありうる。

19 危機にさらされている世界遺産リストへの登録基準

　世界遺産委員会が定める危機にさらされている世界遺産リスト（List of the World Heritage in Danger）への登録基準は、以下の通りで、いずれか一つに該当する場合に登録される。

〔自然遺産の場合〕

(1) **確認危険**　遺産が特定の確認された差し迫った危険に直面している、例えば、

　　a. 法的に遺産保護が定められた根拠となった顕著で普遍的な価値をもつ種で、絶滅の危機にさらされている種やその他の種の個体数が、病気などの自然要因、或は、密猟・密漁などの人為的要因などによって著しく低下している
　　b. 人間の定住、遺産の大部分が氾濫するような貯水池の建設、産業開発や、農業や肥料の使用を含む農業の発展、大規模な公共事業、採掘、汚染、森林伐採、燃料材の採取などによって、遺産の自然美や学術的価値が重大な損壊を被っている
　　c. 境界や上流地域への人間の侵入により、遺産の完全性が脅かされる

(2) **潜在危険**　遺産固有の特徴に有害な影響を与えかねない脅威に直面している、例えば、

　　a. 指定地域の法的な保護状態の変化
　　b. 遺産内か、或は、遺産に影響が及ぶような場所における再移住計画、或は、開発事業
　　c. 武力紛争の勃発、或は、その恐れ
　　d. 保護管理計画が欠如しているか、不適切か、或は、十分に実施されていない

〔文化遺産の場合〕

(1) **確認危険**　遺産が特定の確認された差し迫った危険に直面している、例えば、

  a. 材質の重大な損壊
  b. 構造、或は、装飾的な特徴の重大な損壊
  c. 建築、或は、都市計画の統一性の重大な損壊
  d. 都市、或は、地方の空間、或は、自然環境の重大な損壊
  e. 歴史的な真正性の重大な喪失
  f. 文化的な意義の大きな喪失

(2) **潜在危険**　遺産固有の特徴に有害な影響を与えかねない脅威に直面している、例えば、

  a. 保護の度合いを弱めるような遺産の法的地位の変化
  b. 保護政策の欠如
  c. 地域開発計画による脅威的な影響
  d. 都市開発計画による脅威的な影響
  e. 武力紛争の勃発、或は、その恐れ
  f. 地質、気象、その他の環境的な要因による漸進的変化

20 監視強化メカニズム

　監視強化メカニズム（Reinforced Monitoring Mechanism略称：RMM）とは、2007年4月に開催されたユネスコの第176回理事会で採択された「世界遺産条約の枠組みの中で、世界遺産委員会の決議の適切な履行を確保する為のメカニズムを世界遺産委員会で提案すること」の事務局長への要請を受け、2007年の第31回世界遺産委員会で採択された新しい監視強化メカニズムのことである。RMMの目的は、「顕著な普遍的価値」の喪失につながりかねない突発的、偶発的な原因や理由で、深刻な危機的状況に陥った現場に専門家を速やかに派遣、監視し、次の世界遺産委員会での決議を待つまでもなく可及的速やかな対応や緊急措置を講じられる仕組みである。

21 世界遺産リストからの登録抹消

　ユネスコの世界遺産は、「世界遺産リスト」への登録後において、下記のいずれかに該当する場合、世界遺産委員会は、「世界遺産リスト」から登録抹消の手続きを行なうことが出来る。

1) 世界遺産登録を決定づけた物件の特徴が失われるほど物件の状態が悪化した場合。
2) 世界遺産の本来の特質が、登録推薦の時点で、既に、人間の行為によって脅かされており、かつ、その時点で世界遺産条約締約国によりまとめられた必要な改善措置が、予定された期間内に講じられなかった場合。

これまでの登録抹消の事例としては、下記の2つの事例がある。

 ●オマーン　　「アラビアン・オリックス保護区」
     （自然遺産　1994年世界遺産登録　2007年登録抹消）
   ＜理由＞油田開発の為、オペレーショナル・ガイドラインズに違反し世界遺産の登録範囲を勝手に変更したことによる世界遺産登録時の完全性の喪失。
 ●ドイツ　　　「ドレスデンのエルベ渓谷」
     （文化遺産　2004年世界遺産登録　★【危機遺産】2006年登録　2009年登録抹消）
   ＜理由＞文化的景観の中心部での橋の建設による世界遺産登録時の完全性の喪失。

22 世界遺産基金

　世界遺産基金とは、世界遺産の保護を目的とした基金で、2016～2017年(2年間)の予算案は、6,559,877US$。世界遺産条約が有効に機能している最大の理由は、この世界遺産基金を締約国に義務づけることにより世界遺産保護に関わる援助金を確保できることであり、その使途については、世界遺産委員会等で審議される。

　日本は、世界遺産基金への分担金として、世界遺産条約締約後の1993年には、762,080US$(1992年／1993年分を含む)、その後、1994年　395,109US$、1995年　443,903US$、1996年　563,178US$、
1997年 571,108US$、　1998年 641,312US$、　1999年 677,834US$、　2000年 680,459US$、
2001年 598,804US$、　2002年 598,804US$、　2003年 598,804US$、　2004年 597,038US$、
2005年 597,038US$、　2006年 509,350US$、　2007年 509,350US$、　2008年 509,350US$、
2009年 509,350US$、　2010年 409,137US$、　2011年 409,137US$、　2012年 409,137US$、
2013年 353,730US$、　2014年 353,730US$、　2015年 353,730US$　2016年 316,019US$
を拠出している。

(1) 世界遺産基金の財源

　□世界遺産条約締約国に義務づけられた分担金(ユネスコに対する分担金の1%を上限とする額)
　□各国政府の自主的拠出金、団体・機関(法人)や個人からの寄付金

(2017年予算案の分担金または任意拠出金の支払予定上位国)

❶米国*	718,300 US$	❷日本	316,019 US$	❸中国	258,588 US$
❹ドイツ	208,601 US$	❺英国	145,717 US$	❻フランス	158,646 US$
❼オーストラリア	76,303 US$	❽ブラジル	124,821 US$	❾イタリア	122,372 US$
❿ロシア連邦	100,823 US$	⓫カナダ	95,371 US$	⓬スペイン	79,764 US$
⓭韓国	66,573 US$	⓮オランダ	48,387 US$	⓯メキシコ	46,853 US$
⓰サウジアラビア	37,417 US$	⓱スイス	37,221 US$	⓲トルコ	33,238 US$
⓳スウェーデン	31,213 US$	⓴ベルギー	28,895 US$		

*2018年12月末脱退予定だが、これまでの滞納額は支払い義務あり。

世界遺産基金 (The World Heritage Fund／Fonds du Patrimoine Mondial)

- UNESCO account No. 949-1-191558　　　　　　　　(US$)
　CHASE MANHATTAN BANK　4 Metrotech Center,Brooklyn,NewYork,NY 11245 USA
　SWIFT CODE:CHASUS33-ABA No.0210-0002-1
- UNESCO account No. 30003-03301-00037291180-53　　($ EU)
　Societe Generale　106 rue Saint-Dominique 75007 paris　FRANCE
　SWIFT CODE:SOGE FRPPAFS

(2) 世界遺産基金からの国際援助の種類と援助実績

①世界遺産登録の準備への援助 (Preparatory Assistance)

　　＜例示＞
　●マダガスカル　アンタナナリボのオートヴィル　　　　　　　　　　30,000 US$

②保全管理への援助（Conservation and Management Assistance）

<例示>
- ガーナ　　　　　ガーナの砦と城塞　　　　　　　　　　　　　　　　　　85,086 US＄
　　　　　　　　　（1979年世界遺産登録）の管理計画策定の準備
- アルバニア　　　ベラトとギロカストラ　　　　　　　　　　　　　　　　30,460 US＄
　　　　　　　　　（2005年／2008年世界遺産登録）の統合管理計画
- ミクロネシア　　ナン・マドール：東ミクロネシアの祭祀センター　　　　30,000 US＄
　　　　　　　　　（2016年世界遺産登録／危機遺産登録）の雑草の駆除
- セネガル　　　　ニオコロ・コバ国立公園　　　　　　　　　　　　　　　29,674 US＄
　　　　　　　　　（1981年世界遺産登録／2007年危機遺産登録）の管理計画の更新

③緊急援助（Emergency Assistance）

<例示>
- ガンビア　　　　クンタ・キンテ島と関連遺跡群（2003年世界遺産登録）　5,025 US＄
　　　　　　　　　のCFAOビルの屋根の復旧

23 ユネスコ文化遺産保存日本信託基金

ユネスコが日本政府の拠出金によって設置している日本信託基金には、次の様な基金がある。

○ユネスコ文化遺産保存信託基金（外務省所管）
○ユネスコ人的資源開発信託基金（外務省所管）
○ユネスコ青年交流信託基金（文部科学省所管）
○万人のための教育信託基金（文部科学省所管）
○持続可能な開発のための教育信託基金（文部科学省所管）
○ユネスコ地球規模の課題の解決のための科学事業信託基金（文部科学省所管）
○ユネスコ技術援助専門家派遣信託基金（文部科学省所管）
○エイズ教育特別信託基金（文部科学省所管）
○アジア太平洋地域教育協力信託基金（文部科学省所管）

これらのうち、ユネスコ文化遺産保存日本信託基金による主な実施中の案件は、次の通り。

- カンボジア「アンコール遺跡」　　　国際調整委員会等国際会議の開催　1990年～
　　　　　　　　　　　　　　　　　　保存修復事業等　1994年～
- ネパール「カトマンズ渓谷」　　　　ダルバール広場の文化遺産の復旧・復興　2015年～
- ネパール「ルンビニ遺跡」　　　　　建造物等保存措置、考古学調査、統合的マスタープラン
　　　　　　　　　　　　　　　　　　策定、管理プロセスのレビュー、専門家育成　2010年～
- ミャンマー「バガン遺跡」　　　　　遺跡保存水準の改善、人材養成　2014年～2016年
- アフガニスタン「バーミヤン遺跡」　壁画保存、マスタープランの策定、東大仏仏龕の固定、
　　　　　　　　　　　　　　　　　　西大仏龕奥壁の安定化　2003年～
- ボリヴィア「ティワナク遺跡」　　　管理計画の策定、人材育成（保存管理、発掘技術等）
　　　　　　　　　　　　　　　　　　2008年～
- カザフスタン、キルギス、タジキスタン、トルクメニスタン、ウズベキスタン
　　「シルクロード世界遺産推薦　　　遺跡におけるドキュメンテーション実地訓練・人材育成
　　ドキュメンテーション支援」　　　2010年～
- カーボヴェルデ、サントメ・プリンシペ、コモロ、モーリシャス、セーシェル、モルディブ、

ミクロネシア、クック諸島、ニウエ、トンガ、ツバル、ナウル、アンティグア・バーブーダ、バハマ、バルバドス、ベリーズ、キューバ、ドミニカ、グレナダ、ガイアナ、ジャマイカ、セントクリストファー・ネーヴィス、セントルシア、セントビンセント・グレナディーン、スリナム、トリニダード・トバコ
「小島嶼開発途上国における世界遺産サイト保護支援」 能力形成及び地域共同体の持続可能な開発の強化 2011年～2016年
- ウガンダ「カスビ王墓再建事業」 リスク管理及び火災防止、藁葺き技術調査、能力形成 2013年～
- グアテマラ「ティカル遺跡保存事業」 北アクロポリスの3Dデータの収集及び登録、人材育成 2016年～
- ブータン「南アジア文化的景観支援」 ワークショップの開催 2016年～
- アルゼンチン、ボリビア、チリ、コロンビア、エクアドル、ペルー 「カパック・ニャン―アンデス道路網の保存支援事業」 モニタリングシステムの設置及び実施 2016年～
- セネガル「ゴレ島の護岸保護支援」 ゴレ島南沿岸の緊急対策措置（波止場の再建、世界遺産サイト管理サービスの設置等） 2016年～
- アルジェリア「カスバの保護支援事業」 専門家会合の開催 2016年～

24 日本の世界遺産条約の締結とその後の世界遺産登録

1992年 6月19日	世界遺産条約締結を国会で承認。
1992年 6月26日	受諾の閣議決定。
1992年 6月30日	受諾書寄託、125番目*の世界遺産条約締約国となる。
	*現在は、旧ユーゴスラヴィアの解体によって、締約国リスト上では、124番目になっている。
1992年 9月30日	わが国について発効。
1992年10月	ユネスコに、奈良の寺院・神社、姫路城、日光の社寺、鎌倉の寺院・神社、法隆寺の仏教建造物、厳島神社、彦根城、琉球王国の城・遺産群、白川郷の集落、京都の社寺、白神山地、屋久島の12件の暫定リストを提出。
1993年12月	第17回世界遺産委員会カルタヘナ会議から世界遺産委員会委員国（任期6年）世界遺産リストに「法隆寺地域の仏教建造物」、「姫路城」、「屋久島」、「白神山地」の4件が登録される。
1994年11月	「世界文化遺産奈良コンファレンス」を奈良市で開催。「オーセンティシティに関する奈良ドキュメント」を採択。
1994年12月	世界遺産リストに「古都京都の文化財（京都市、宇治市、大津市）」が登録される。
1995年 9月	ユネスコの暫定リストに原爆ドームを追加。
1995年12月	世界遺産リストに「白川郷・五箇山の合掌造り集落」が登録される。
1996年12月	世界遺産リストに「広島の平和記念碑（原爆ドーム）」、「厳島神社」の2件が登録される。
1998年11月30日～12月 5日	第22回世界遺産委員会京都会議（議長：松浦晃一郎氏）
1998年12月	世界遺産リストに「古都奈良の文化財」が登録される。
1999年11月	松浦晃一郎氏が日本人として初めてユネスコ事務局長（第8代）に就任。
1999年12月	世界遺産リストに「日光の社寺」が登録される。
2000年5月18～21日	世界自然遺産会議・屋久島2000
2000年12月	世界遺産リストに「琉球王国のグスク及び関連遺産群」が登録される。
2001年 4月 6日	ユネスコの暫定リストに「平泉の文化遺産」、「紀伊山地の霊場と参詣道」、

		「石見銀山遺跡」の3件を追加。
2001年 9月 5日 ～9月10日		アジア・太平洋地域における信仰の山の文化的景観に関する専門家会議を和歌山市で開催。
2002年 6月30日		世界遺産条約受諾10周年。
2003年12月		第27回世界遺産委員会マラケシュ会議から2回目の世界遺産委員会委員国(任期4年)
2004年 6月		文化財保護法の一部改正によって、新しい文化財保護の手法として「文化的景観」が新設され、「重要文化的景観」の選定がされるようになった。
2004年 7月		世界遺産リストに「紀伊山地の霊場と参詣道」が登録される。
2005年 7月		世界遺産リストに「知床」が登録される。
2005年10月15～17日		第2回世界自然遺産会議　白神山地会議
2007年 1月30日		ユネスコの暫定リストに「富岡製糸場と絹産業遺産群」、「小笠原諸島」、「長崎の教会群とキリスト教関連遺産」、「飛鳥・藤原-古代日本の宮都と遺跡群」、「富士山」の5件を追加。
2007年 7月		世界遺産リストに「石見銀山遺跡とその文化的景観」が登録される。
2007年 9月14日		ユネスコの暫定リストに「国立西洋美術館本館」を追加。
2008年 6月		第32回世界遺産委員会ケベック・シティ会議で、「平泉-浄土思想を基調とする文化的景観-」の世界遺産リストへの登録の可否が審議され、わが国の世界遺産登録史上初めての「登録延期」となる。2011年の登録実現をめざす。
2009年 1月 5日		ユネスコの暫定リストに「北海道・北東北を中心とした縄文遺跡群」、「九州・山口の近代化産業遺産群」、「宗像・沖ノ島と関連遺産群」の3件を追加。
2009年 6月		第33回世界遺産委員会セビリア会議で、「ル・コルビジュエの建築と都市計画」(構成資産のひとつが「国立西洋美術館本館」)の世界遺産リストへの登録の可否が審議され、「情報照会」となる。
2009年10月1日～2015年3月18日		国宝「姫路城」大天守、保存修理工事。
2010年 6月		ユネスコの暫定リストに「百舌鳥・古市古墳群」、「金を中心とする佐渡鉱山の遺産群」の2件を追加することを、文化審議会文化財分科会世界文化遺産特別委員会で決議。
2010年 7月		第34回世界遺産委員会ブラジリア会議で、「石見銀山遺跡とその文化的景観」の登録範囲の軽微な変更(442.4ha→529.17ha)がなされる。
2011年 6月		第35回世界遺産委員会パリ会議から3回目の世界遺産委員会委員国(任期4年)「小笠原諸島」、「平泉-仏国土(浄土)を表す建築・庭園及び考古学的遺跡群」の2件が登録される。「ル・コルビジュエの建築作品-近代建築運動への顕著な貢献-」(構成資産のひとつが「国立西洋美術館本館」)は、「登録延期」決議がなされる。
2012年 1月25日		日本政府は、世界遺産条約関係省庁連絡会議を開き、「富士山」(山梨県・静岡県)と「武家の古都・鎌倉」(神奈川県)を、2013年の世界文化遺産登録に向け、正式推薦することを決定。
2012年 7月12日		文化審議会の世界文化遺産特別委員会は、「富岡製糸場と絹産業遺産群」(群馬県)を2014年の世界文化遺産登録推薦候補とすること、それに、2011年に世界遺産リストに登録された「平泉」の登録範囲の拡大と登録遺産名の変更に伴い、追加する構成資産を世界遺産暫定リスト登録候補にすることを了承。
2012年11月6日～8日		世界遺産条約採択40周年記念最終会合が、京都市の国立京都国際会館にて開催される。メインテーマ「世界遺産と持続可能な発展：地域社会の役割」
2013年 1月31日		世界遺産条約関係省庁連絡会議(外務省、文化庁、環境省、林野庁、水産庁、国土交通省、宮内庁で構成)において、世界遺産条約に基づくわが国の世界遺産暫定リストに、自然遺産として「奄美・琉球」を記載することを決定。 世界遺産暫定リスト記載の為に必要な書類をユネスコ世界遺産センターに提出。
2013年3月		ユネスコ、対象地域の絞り込みを求め、世界遺産暫定リストへの追加を保留。
2013年 4月30日		イコモス、「富士山」を「記載」、「武家の古都・鎌倉」は「不記載」を勧告。

2013年 6月 4日	「武家の古都・鎌倉」について、世界遺産リスト記載推薦を取り下げることを決定。
2013年 6月22日	第37回世界遺産委員会プノンペン会議で、「富士山－信仰の対象と芸術の源泉」が登録される。
2013年 8月23日	文化審議会世界文化遺産・無形文化遺産部会及び世界文化遺産特別委員会で、「明治日本の産業革命遺産－九州・山口と関連遺産－」を2015年の世界遺産候補とすることを決定。
2014年1月	「奄美・琉球」、世界遺産暫定リスト記載の為に必要な書類をユネスコ世界遺産センターに再提出。
2014年 6月21日	第38回世界遺産委員会ドーハ会議で、「富岡製糸場と絹産業遺産群」が登録される。
2014年10月	奈良文書20周年記念会合（奈良県奈良市）において、「奈良＋20」を採択。
2015年 5月 4日	イコモス、「明治日本の産業革命遺産－九州・山口と関連遺産－」について、「記載」を勧告。
2015年 7月 5日	第39回世界遺産委員会ボン会議で、「明治日本の産業革命遺産：製鉄・製鋼、造船、石炭産業」について、議長の差配により審議なしで登録が決議された後、日本及び韓国からステートメントが発せられた。
2015年 7月	第39回世界遺産委員会ボン会議で、「世界遺産条約履行の為の作業指針」が改訂され、アップストリーム・プロセス（登録推薦に際して、締約国が諮問機関や世界遺産センターに技術的支援を要請できる仕組み）が制度化された。
2015年 7月28日	文化審議会世界文化遺産・無形文化遺産部会で、「『神宿る島』宗像・沖ノ島と関連遺産群」を2017年の世界遺産候補とすることを決定。
2016年 1月	「紀伊山地の霊場と参詣道」の軽微な変更（「熊野参詣道」及び「高野参詣道」について、延長約41.1km、面積11.1haを追加）申請書をユネスコ世界遺産センターへ提出。（第40回世界遺産委員会イスタンブール会議において承認）
2016年 1月	「富士山－信仰の対象と芸術の源泉」の保全状況報告書をユネスコ世界遺産センターに提出。（2016年7月の第40回世界遺産委員会イスタンブール会議で審議）
2016年 2月1日	「奄美大島、徳之島、沖縄島北部及び西表島」世界遺産暫定リストに記載。
2016年 2月	イコモスの中間報告において、「長崎の教会群とキリスト教関連遺産」について、「長崎の教会群」の世界遺産としての価値を、「禁教・潜伏期」に焦点をあてた内容に見直すべきとの評価が示され推薦を取り下げ、修正後2018年の登録をめざす。
2016年 5月17日	フランスなどとの共同推薦の「ル・コルビュジエの建築作品-近代建築運動への顕著な貢献-」（日本の推薦物件は「国立西洋美術館」）、「登録記載」の勧告。
2016年 7月17日	第40回世界遺産委員会イスタンブール会議で、「ル・コルビュジエの建築作品-近代建築運動への顕著な貢献-」が登録される。（フランスなど7か国17資産）
2016年 7月25日	文化審議会において、「長崎の教会群とキリスト教関連遺産」を2018年の世界遺産候補とすることを決定。（→「長崎と天草地方の潜伏キリシタン関連遺産」）
2017年 1月20日	「奄美大島、徳之島、沖縄島北部及び西表島」ユネスコへ世界遺産登録推薦書を提出。
2017年 7月 8日	第41回世界遺産委員会クラクフ会議で、「『神宿る島』宗像・沖ノ島と関連遺産群」が登録される。（8つの構成資産すべて認められる）
2017年 7月31日	文化庁の文化審議会世界文化遺産部会で「百舌鳥・古市古墳群」を2019年の世界遺産推薦候補とすることを決定。9月に開催される世界遺産条約関係省庁連絡会議（政府の推薦決定）を経て国内の推薦が決まる。
2018年 7月4日	第42回世界遺産委員会マナーマ会議で、「長崎の教会群とキリスト教関連遺産」が登録される。
2018年 11月2日	日本政府は、2020年の世界遺産候補として「奄美大島、徳之島、沖縄島北部および西表島」（自然遺産　鹿児島県・沖縄県）の推薦を決める。
2019年 5月14日	第43回世界遺産委員会バクー会議で、「百舌鳥・古市古墳群」が登録される見通し。（2019年 5月4日専門評価機関イコモスが登録勧告）
2022年 6月30日	世界遺産条約受諾30周年。

㉕ 日本のユネスコ世界遺産

　2019年6月現在、22物件（自然遺産 4物件、文化遺産18物件）が「世界遺産リスト」に登録されており、世界第12位である。

❶**法隆寺地域の仏教建造物**　　奈良県生駒郡斑鳩町
　　文化遺産（登録基準(i)(ii)(iv)(vi)）　　1993年
❷**姫路城**　　兵庫県姫路市本町　　文化遺産（登録基準(i)(iv)）　　1993年
③**白神山地**　　青森県（西津軽郡鰺ヶ沢町、深浦町、中津軽郡西目屋村）
　　　　　　秋田県（山本郡藤里町、八峰町、能代市）
　　自然遺産（登録基準(ix)）　　1993年
④**屋久島**　　鹿児島県熊毛郡屋久島町　　自然遺産（登録基準(vii)(ix)）　　1993年
❺**古都京都の文化財(京都市 宇治市 大津市)**
　　京都府（京都市、宇治市）、滋賀県（大津市）
　　文化遺産（登録基準(ii)(iv)）　　1994年
❻**白川郷・五箇山の合掌造り集落**　　岐阜県（大野郡白川村）、富山県（南砺市）
　　文化遺産（登録基準(iv)(v)）　　1995年
❼**広島の平和記念碑(原爆ドーム)**　　広島県広島市中区大手町
　　文化遺産（登録基準(vi)）　　1996年
❽**厳島神社**　　広島県廿日市市宮島町　　文化遺産（登録基準(i)(ii)(iv)(vi)）　　1996年
❾**古都奈良の文化財**　　奈良県奈良市　　文化遺産（登録基準(ii)(iii)(iv)(vi)）　　1998年
❿**日光の社寺**　　栃木県日光市
　　文化遺産（登録基準(i)(iv)(vi)）　　1999年
⓫**琉球王国のグスク及び関連遺産群**
　　沖縄県（那覇市、うるま市、国頭郡今帰仁村、中頭郡読谷村、北中城村、中城村、南城市）
　　文化遺産（登録基準(ii)(iii)(vi)）　　2000年
⓬**紀伊山地の霊場と参詣道**
　　三重県（尾鷲市、熊野市、度会郡大紀町、北牟婁郡紀北町、南牟婁郡御浜町、紀宝町）
　　奈良県（吉野郡吉野町、黒滝村、天川村、野迫川村、十津川村、下北山村、上北山村、川上村）
　　和歌山県（新宮市、田辺市、橋本市、伊都郡かつらぎ町、九度山町、高野町、西牟婁郡白浜町、すさみ町、上富田町、東牟婁郡那智勝浦町、串本町）
　　文化遺産（登録基準(ii)(iii)(iv)(vi)）　　2004年／2016年
⓭**知床**　　北海道（斜里郡斜里町、目梨郡羅臼町）　　自然遺産（登録基準(ix)(x)）　　2005年
⓮**石見銀山遺跡とその文化的景観**　　島根県大田市
　　文化遺産 （登録基準(ii)(iii)(v)）　　2007年／2010年
⓯**平泉－仏国土(浄土)を表す建築・庭園及び考古学的遺跡群**
　　岩手県西磐井郡平泉町　　文化遺産（登録基準(ii)(vi)）　　2011年
⓰**小笠原諸島**　　東京都小笠原村　　自然遺産（登録基準(ix)）　　2011年
⓱**富士山－信仰の対象と芸術の源泉**
　　山梨県（富士吉田市、富士河口湖町、忍野村、山中湖村、鳴沢村）
　　静岡県（富士宮市、富士市、御殿場市、裾野市、小山町）
　　文化遺産 （登録基準(iii)(vi)）　　2013年
⓲**富岡製糸場と絹産業遺産群**　　群馬県（富岡市、藤岡市、伊勢崎市、下仁田町）
　　文化遺産（登録基準(ii)(iv)）　　2014年
⓳**明治日本の産業革命遺産：製鉄・製鋼、造船、石炭産業**
　　福岡県（北九州市、大牟田市、中間市）、佐賀県（佐賀市）、長崎県（長崎市）、熊本県（荒尾市、宇城市）、鹿児島県（鹿児島市）、山口県（萩市）、岩手県（釜石市）、静岡県（伊豆の国市）
　　文化遺産（登録基準(ii)(iv)）　　2015年

⑳ル・コルビュジエの建築作品-近代建築運動への顕著な貢献-
　　フランス／スイス／ベルギー／ドイツ／インド／日本（東京都台東区）／アルゼンチン
　　文化遺産（登録基準(i)(ii)(vi)）　2016年
㉑「神宿る島」宗像・沖ノ島と関連遺産群　　福岡県（宗像市、福津市）
　　文化遺産（登録基準(ii)(iii)）　2017年
㉒長崎と天草地方の潜伏キリシタン関連遺産
　　長崎県（長崎市、佐世保市、平戸市、五島市、南島原市、小値賀町、新上五島町）、熊本県（天草市）
　　文化遺産（登録基準(ii)(iii)）　2018年

㉖ 日本の世界遺産暫定リスト記載物件

　世界遺産締約国は、世界遺産委員会から将来、世界遺産リストに登録する為の候補物件について、暫定リスト(Tentative List)の目録を提出することが求められている。わが国の暫定リスト記載物件は、次の8件である。

● 古都鎌倉の寺院・神社ほか（神奈川県　1992年暫定リスト記載）
　　●「武家の古都・鎌倉」2013年5月、「不記載」勧告。→登録推薦書類「取り下げ」
● 彦根城（滋賀県　1992年暫定リスト記載）
● 飛鳥・藤原-古代日本の宮都と遺跡群（奈良県　2007年暫定リスト記載）
● 北海道・北東北の縄文遺跡群（北海道、青森県、秋田県、岩手県　2009年暫定リスト記載）
● 百舌鳥・古市古墳群（大阪府　2010年暫定リスト記載）
　　→2019年の第43回世界遺産委員会で審議予定
● 金を中心とする佐渡鉱山の遺産群（新潟県　2010年暫定リスト記載）
● 平泉-仏国土（浄土）を表す建築・庭園及び考古学的遺跡群＜登録範囲の拡大＞
　（岩手県　2013年暫定リスト記載）
○ 奄美大島、徳之島、沖縄島北部及び西表島（鹿児島県、沖縄県　2016年暫定リスト記載）

㉗ ユネスコ世界遺産の今後の課題

●「世界遺産リスト」への登録物件の厳選、精選、代表性、信用（信頼）性の確保。
● 世界遺産委員会へ諮問する専門機関(IUCNとICOMOS)の勧告と世界遺産委員会の決議との乖離の是正。
● 行き過ぎたロビー活動を規制する為の規則を、オペレーショナル・ガイドラインズに反映することについての検討。
● 締約国と専門機関(IUCNとICOMOS)との対話の促進と手続きの透明性の確保。
● 同種、同類の登録物件の再編と統合。
　　例示：イグアス国立公園（アルゼンチンとブラジル）
　　　　　サンティアゴ・デ・コンポステーラへの巡礼道（スペインとフランス）
　　　　　スンダルバンス国立公園（インド）とサンダーバンズ（バングラデシュ）
　　　　　古代高句麗王国の首都群と古墳群（中国）と高句麗古墳群（北朝鮮）　など。
●「世界遺産リスト」への登録物件の上限数の検討。
● 世界遺産の効果的な保護(Conservation)の確保。
● 世界遺産登録時の真正性(Authenticity)や完全性(Integrity)が損なわれた場合の世界遺産リストからの抹消。
● 類似物件、同一カテゴリーの物件との比較分析。→　暫定リストの充実
● 登録物件数の地域的不均衡（ヨーロッパ・北米偏重）の解消。
● 自然遺産と文化遺産の登録物件数の不均衡（文化遺産偏重）の解消。

- グローバル・ストラテジー（文化的景観、産業遺産、20世紀の建築等）の拡充。
- 「文化的景観」、「歴史的町並みと街区」、「運河に関わる遺産」、「遺産としての道」など、特殊な遺産の世界遺産リストへの登録。
- 危機にさらされている世界遺産（★【危機遺産】）への登録手続きの迅速化などの緊急措置。
- 新規登録の選定作業よりも、既登録の世界遺産のモニタリングなど保全管理を重視し、危機遺産比率を下げていくことに注力していくことが必要。
- 複数国にまたがるシリアル・ノミネーション（トランスバウンダリー・ノミネーション）の保全管理にあたって、全体の「顕著な普遍的価値」が損なわれないよう、構成資産のある当事国や所有管理者間のコミュニケーションを密にし、全体像の中での各構成資産の位置づけなどの解説や説明など全体管理を行なう組織が必要。
- インターネットからの現地情報の収集など実効性ある監視強化メカニズム（Reinforced Monitoring Mechanism）の運用。
- 「気候変動が世界遺産に及ぼす影響」など地球環境問題への戦略的対応。
- 世界遺産条約締約国が、世界遺産条約の理念や本旨を遵守しない場合の制裁措置等の検討。
- 世界遺産条約をまだ締約していない国・地域（ソマリア、ブルンジ、ツバル、ナウル、リヒテンシュタイン）の条約締約の促進。
- 世界遺産条約を締約しているが、まだ世界遺産登録のない26か国（ブルンディ、コモロ、ルワンダ、リベリア、シエラレオネ、スワジランド、ギニア・ビサウ、サントメ・プリンシペ、ジブチ、赤道ギニア、南スーダン、クウェート、モルジブ、ニウエ、サモア、ブータン、トンガ、クック諸島、ブルネイ、東ティモール、モナコ、ガイアナ、グレナダ、セントヴィンセントおよびグレナディーン諸島、トリニダード・トバコ、バハマ）からの最低1物件以上の世界遺産登録の促進。
- 世界遺産条約を締約していない国・地域の世界遺産（なかでも★【危機遺産】）の取扱い。
- 世界遺産条約を締約しているが、まだ世界遺産暫定リストを作成していない国（赤道ギニア、サントメ・プリンシペ、南スーダン、ブルネイ、クック諸島、ニウエ、東ティモール）への作成の促進。
- 無形文化遺産保護条約、世界の記憶（Memory of the World）との連携。
- 世界遺産から無形遺産も含めた地球遺産へ。
- 世界遺産基金の充実と世界銀行など国際金融機関との連携。
- 世界遺産を通じての国際交流と国際協力の促進。
- 世界遺産地の博物館、美術館、情報センター、ビジターセンターなどのガイダンス施設の充実。
- 国連「世界遺産のための国際デー」（11月16日）の制定。

28 ユネスコ世界遺産を通じての総合学習

- 世界平和や地球環境の大切さ
- 世界遺産の鑑賞とその価値（歴史性、芸術性、文化性、景観上、保存上、学術上など）
- 地球の活動の歴史と生物多様性（地形・地質、生態系、自然景観、生物多様性など）
- 人類の功績、所業、教訓（遺跡、建造物群、モニュメントなど）
- 世界遺産の多様性（自然の多様性、文化の多様性）
- 世界遺産地の民族、言語、宗教、地理、歴史、伝統、文化
- 世界遺産の保護と地域社会の役割
- 世界遺産と人間の生活や生業との関わり
- 世界遺産を取り巻く脅威、危険、危機
- 世界遺産の保護・保全・保存の大切さ
- 世界遺産の利活用（教育、観光、地域づくり、まちづくり）
- 国際理解、異文化理解
- 世界遺産教育、世界遺産学習
- 広い視野に立って物事を考えることの大切さ

- 郷土愛、郷土を誇りに思う気持ちの大切さ
- 人と人とのつながりや絆の大切さ
- 地域遺産を守っていくことの大切さ
- ヘリティッジ・ツーリズム、ライフ・ビヨンド・ツーリズム、カルチュラル・ツーリズム、エコ・ツーリズムなど

㉙ 今後の世界遺産委員会等の開催スケジュール

2019年6月30日～7月10日　　第43回世界遺産委員会バクー会議
　　　　　　　　　　　　　　（審議対象物件：2018年2月1日までの登録申請分）

㉚ 世界遺産条約の将来

● <u>世界遺産の6つの将来目標</u>

　◎世界遺産の「顕著な普遍的価値」（OUV）の維持
　◎信用性のある世界で最も顕著な文化・自然遺産の選定である世界遺産リスト
　◎現在と将来の環境的、社会的、経済的なニーズを考慮した遺産の保護と保全
　◎世界遺産のブランドの質の維持・向上
　◎世界遺産委員会の政策と戦略的重要事項の表明
　◎定例会合での決議事項の周知と効果的な履行

● <u>世界遺産条約履行の為の戦略的行動計画　2012年～2022年</u>

　◎信用性、代表性、均衡性のある「世界遺産リスト」の為のグローバル戦略の履行と
　　自発的な保全へ取組みとの連携（PACT＝世界遺産パートナー・イニシアティブ）に関する
　　ユネスコの外部監査による独立的評価
　◎世界遺産の人材育成戦略
　◎災害危険の軽減戦略
　◎世界遺産地の気候変動のインパクトに関する政策
　◎下記のテーマに関する専門家グループ会合開催の推奨
　　○ 世界遺産の保全への取組み
　　○ 世界遺産条約の委員会等組織での意思決定の手続き
　　○ 世界遺産委員会での登録可否の検討に先立つ前段プロセス（早い段階での諮問機関の
　　　ICOMOSやIUCNの改善の対話等、アップストリーム・プロセスの明文化）の改善
　　○ 世界遺産条約における保全と持続可能な発展との関係

＜出所＞2011年第18回世界遺産条約締約国パリ総会での決議事項に拠る。

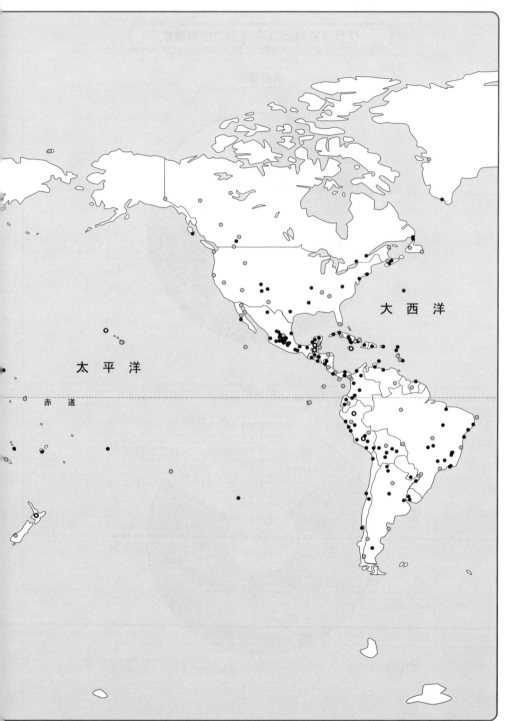

世界遺産ガイド－コーカサス諸国編－

ユネスコ世界遺産の概要

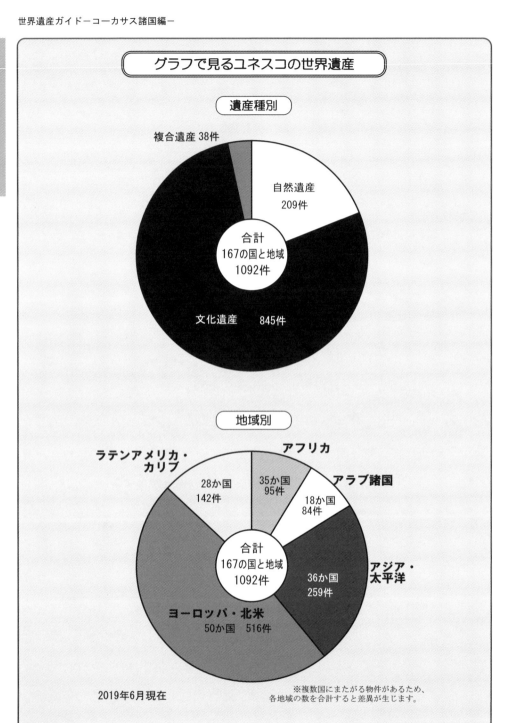

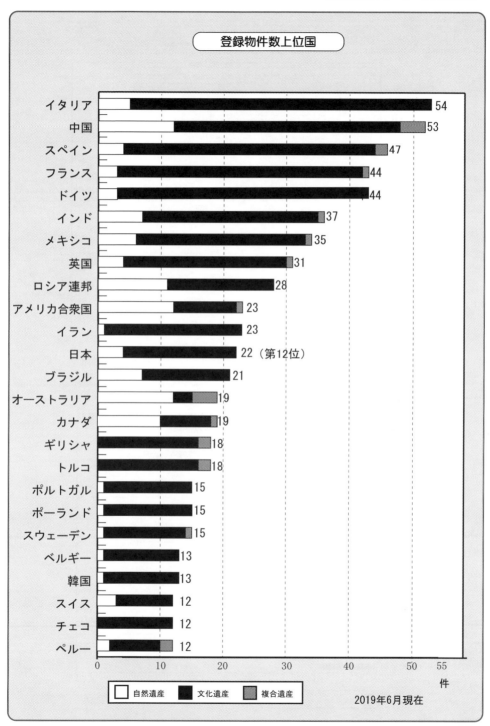

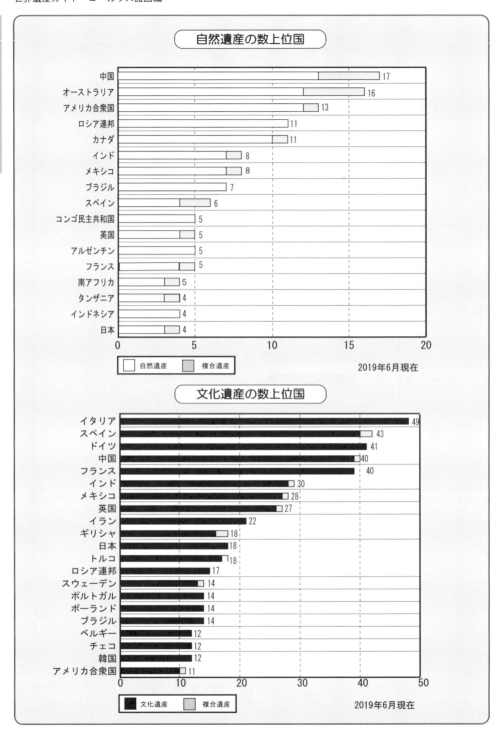

世界遺産ガイドーコーカサス諸国編ー

ユネスコ世界遺産の概要

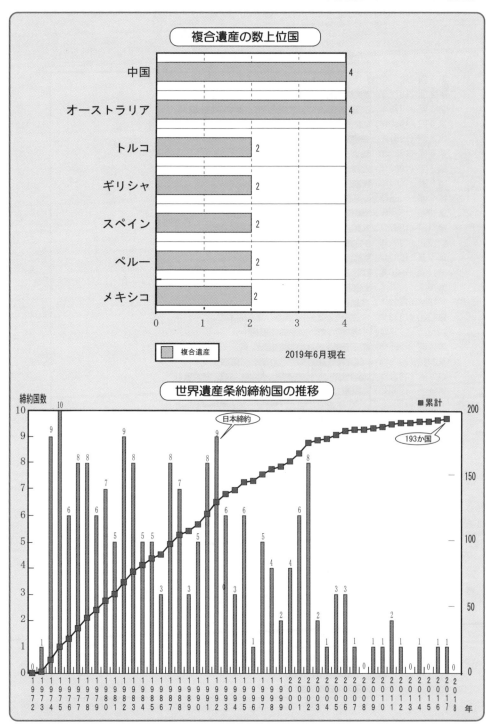

シンクタンクせとうち総合研究機構

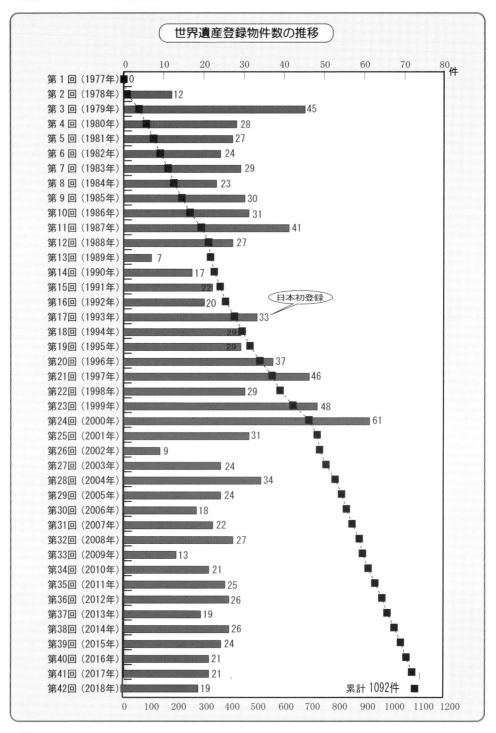

世界遺産ガイド－コーカサス諸国編－

世界遺産と危機遺産の数の推移と比率

年	登録物件数	危機遺産数	割合
1977年	0	0	0%
1978年	12	0	0%
1979年	57	1	1.75%
1980年	85	1	1.18%
1981年	112	1	0.89%
1982年	136	2	1.47%
1983年	165	2	1.21%
1984年	186	5	2.69%
1985年	216	6	2.78%
1986年	247	7	2.83%
1987年	288	7	2.43%
1988年	315	7	2.22%
1989年	322	7	2.17%
1990年	336	8	2.38%
1991年	358	10	2.79%
1992年	378	15	3.97%
1993年	411	16	3.89%
1994年	440	17	3.86%
1995年	469	18	3.84%
1996年	506	22	4.35%
1997年	552	25	4.53%
1998年	582	23	3.95%
1999年	630	27	4.29%
2000年	690	30	4.35%
2001年	721	31	4.30%
2002年	730	33	4.52%
2003年	754	35	4.64%
2004年	788	35	4.44%
2005年	812	34	4.19%
2006年	830	31	3.73%
2007年	851	30	3.53%
2008年	878	30	3.42%
2009年	890	31	3.48%
2010年	911	34	3.73%
2011年	936	35	3.74%
2012年	962	38	3.95%
2013年	981	44	4.49%
2014年	1007	46	4.57%
2015年	1031	48	4.66%
2016年	1052	55	5.23%
2017年	1073	54	5.03%
2018年	1092	54	4.95%

登録物件数（危機遺産数　割合）

ユネスコ世界遺産の概要

シンクタンクせとうち総合研究機構

世界遺産委員会別登録物件数の内訳

回次	開催年	登録物件数 自然	文化	複合	合計	登録物件数(累計) 自然	文化	複合	累計	備考
第1回	1977年	0	0	0	0	0	0	0	0	①オフリッド湖〈自然遺産〉
第2回	1978年	4	8	0	12	4	8	0	12	(マケドニア*1979年登録)
第3回	1979年	10	34	1	45	14	42	1	57	→文化遺産加わり複合遺産に *当時の国名はユーゴスラヴィア
第4回	1980年	6	23	0	29	19①	65	2①	86	②バージェス・シェル遺跡〈自然遺産〉
第5回	1981年	9	15	2	26	28	80	4	112	(カナダ1980年登録)
第6回	1982年	5	17	2	24	33	97	6	136	→「カナディアンロッキー山脈公園」として再登録。上記物件を統合
第7回	1983年	9	19	1	29	42	116	7	165	③グアラニー人のイエズス会伝道所
第8回	1984年	7	16	0	23	48②	131③	7	186	〈文化遺産〉(ブラジル1983年登録)
第9回	1985年	4	25	1	30	52	156	8	216	→アルゼンチンにある物件が登録され、1物件とみなされることに
第10回	1986年	8	23	0	31	60	179	8	247	④ウエストランド、マウント・クック
第11回	1987年	8	32	1	41	68	211	9	288	国立公園〈自然遺産〉
第12回	1988年	5	19	3	27	73	230	12	315	フィヨルドランド国立公園〈自然遺産〉(ニュージーランド1986年登録)
第13回	1989年	2	4	1	7	75	234	13	322	→「テ・ワヘポナム」として再登録。上記2物件を統合し1物件に
第14回	1990年	5	11	1	17	77④	245	14	336	④タラマンカ地方-ラ・アミスタッド保護区群〈自然遺産〉
第15回	1991年	6	16	0	22	83	261	14	358	(コスタリカ1983年登録)
第16回	1992年	4	16	0	20	86⑤	277	15⑤	378	→パナマのラ・アミスタッド国立公園を加え再登録。
第17回	1993年	4	29	0	33	89⑥	306	16⑥	411	上記物件を統合し1物件に
第18回	1994年	8	21	0	29	96⑦	327	17⑦	440	⑤リオ・アビセオ国立公園〈自然遺産〉
第19回	1995年	6	23	0	29	102	350	17	469	(ペルー)
第20回	1996年	5	30	2	37	107	380	19	506	→文化遺産加わり複合遺産に
第21回	1997年	7	38	1	46	114	418	20	552	⑥トンガリロ国立公園〈自然遺産〉(ニュージーランド)
第22回	1998年	3	27	0	30	117	445	20	582	→文化遺産加わり複合遺産に
第23回	1999年	11	35	2	48	128	480	22	630	⑦ウルル-カタ・ジュタ国立公園〈自然遺産〉(オーストラリア)
第24回	2000年	10	50	1	61	138	529⑧	23	690	→文化遺産加わり複合遺産に
第25回	2001年	6	25	0	31	144	554	23	721	⑧シャンボール城〈文化遺産〉
第26回	2002年	0	9	0	9	144	563	23	730	(フランス1981年登録)
第27回	2003年	5	19	0	24	149	582	23	754	→「シュリー・シュルロワールとシャロンヌの間のロワール渓谷」
第28回	2004年	5	29	0	34	154	611	23	788	として再登録。上記物件を統合
第29回	2005年	7	17	0	24	160⑨	628	24⑨	812	
第30回	2006年	2	16	0	18	162	644	24	830	
第31回	2007年	5	16	1	22	166⑩	660	25	851	
第32回	2008年	8	19	0	27	174	679	25	878	⑨セント・キルダ〈自然遺産〉(イギリス1986年登録)
第33回	2009年	2	11	0	13	176	689⑪	25	890	→文化遺産加わり複合遺産に
第34回	2010年	5	15	1	21	180⑫	704	27⑫	911	⑩アラビアン・オリックス保護区〈自然遺産〉(オマーン1994年登録)
第35回	2011年	3	21	1	25	183	725	28	936	→登録抹消
第36回	2012年	5	20	1	26	188	745	29	962	⑪ドレスデンのエルベ渓谷
第37回	2013年	5	14	0	19	193	759	29	981	〈文化遺産〉(ドイツ2004年登録)
第38回	2014年	4	21	1	26	197	779⑬	31⑬	1007	→登録抹消
第39回	2015年	0	23	1	24	197	802	32	1031	⑫ンゴロンゴロ保全地域〈自然遺産〉(タンザニア1978年登録)
第40回	2016年	6	12	3	21	203	814	35	1052	→文化遺産加わり複合遺産に
第41回	2017年	3	18	0	21	206	832	35	1073	⑬カラクムルのマヤ都市〈文化遺産〉(メキシコ2002年登録)
第42回	2018年	3	13	3	19	209	845	38	1092	→自然遺産加わり複合遺産に

世界遺産ガイド－コーカサス諸国編－

「値」の考え方について

(...ersal Value＝OUV)

...通した重要性をもつような、傑出した
...な遺産を恒久的に保護することは

...ナショナル ⇔ グローバル

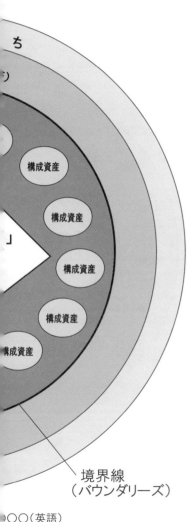

境界線
（バウンダリーズ）

〇〇〇（英語）
〇〇〇〇〇
分
〇〇〇〇〇〇〇〇
〇〇〇〇〇

必要十分条件の証明

登録基準（クライテリア）

(i) 人類の創造的天才の傑作を表現するもの。
→**人類の創造的天才の傑作**

(ii) ある期間を通じて、または、ある文化圏において、建築、技術、記念碑的芸術、町並み計画、景観デザインの発展に関し、人類の価値の重要な交流を示すもの。
→**人類の価値の重要な交流を示すもの**

(iii) 現存する、または、消滅した文化的伝統、または、文明の、唯一の、または、少なくとも稀な証拠となるもの。
→**文化的伝統、文明の稀な証拠**

(iv) 人類の歴史上重要な時代を例証する、ある形式の建造物、建築物群、技術の集積、または、景観の顕著な例。
→**歴史上、重要な時代を例証する優れた例**

(v) 特に、回復困難な変化の影響下で損傷されやすい状態にある場合における、ある文化（または、複数の文化）、或は、環境と人間との相互作用、を代表する伝統的集落、または、土地利用の顕著な例。
→**存続が危ぶまれている伝統的集落、土地利用の際立つ例**

(vi) 顕著な普遍的意義を有する出来事、現存する伝統、思想、信仰、または、芸術的、文学的作品と、直接に、または、明白に関連するもの。
→**普遍的出来事、伝統、思想、信仰、芸術、文学的作品と関連するもの**

(vii) もっともすばらしい自然現象、または、ひときわすぐれた自然美をもつ地域、及び、美的な重要性を含むもの。→**自然景観**

(viii) 地球の歴史上の主要な段階を示す顕著な見本であるもの。これには、生物の記録、地形の発達における重要な地学的進行過程、或は、重要な地形的、または、自然地理的特性などが含まれる。
→**地形・地質**

(ix) 陸上、淡水、沿岸、及び、海洋生態系と動植物群集の進化と発達において、進行しつつある重要な生態学的、生物学的プロセスを示す顕著な見本であるもの。→**生態系**

(x) 生物多様性の本来的保全にとって、もっとも重要かつ意義深い自然生息地をきんでいる。これには、科学上、または、保全上の観点から、普遍的価値をもつ絶滅の恐れのある種が存在するものを含む。
→**生物多様性**

※上記の登録基準(i)～(x)のうち、一つ以上の登録基準を満たすと共に、それぞれの根拠となる説明が必要。

真正(真実)性（オーセンティシティ）

文化遺産の種類、その文化的文脈によって一様ではないが、資産の文化的価値（上記の登録基準）が、下に示すような多様な属性における表現において真実かつ信用性を有する場合に、真正性の条件を満たしていると考えられ得る。
〇形状、意匠
〇材料、材質
〇用途、機能
〇伝統、技能、管理体制
〇位置、セッティング（周辺の環境）
〇言語その他の無形遺産
〇精神、感性
〇その他の内部要素、外部要素

完全性（インテグリティ）

自然遺産及び文化遺産とそれらの特質のすべてが無傷で包含されている度合を測るためのものさしである。従って、完全性の条件を調べるためには、当該資産が以下の条件をどの程度満たしているかを評価する必要がある。
a)「顕著な普遍的価値」が発揮されるのに必要な要素（構成資産）がすべて含まれているか。
b) 当該物件の重要性を示す特徴を不足なく代表するために適切な大きさが確保されているか。
c) 開発及び管理放棄による負の影響を受けていないか。

他の類似物件との比較

当該物件を、国内外の類似の世界遺産、その他の物件と比較した比較分析を行わなければならない。比較分析では、当該物件の国内での重要性及び国際的な重要性について説明しなければならない。

Ⓒ 世界遺産総合研究所

ユネスコ世界遺産の概要

シンクタンクせとうち総合研究機構

世界遺産登録と「顕著な普遍

ユネスコ世界遺産の概要

コア・ゾーン（推薦資産）

登録推薦資産を効果的に保護するために明確に設定された境界線。

境界線の設定は、資産の「顕著な普遍的価値」及び完全性及び真正性が十分に表現されることを保証するように行われなければならない。＿＿＿＿＿＿＿ ha

- ●文化財保護法
  国の史跡指定
  国の重要文化的景観指定など
- ●自然公園法
  国立公園、国定公園
- ●都市計画法
  国営公園

バッファー・ゾーン（緩衝地帯）

推薦資産の効果的な保護を目的として、推薦資産を取り囲む地域に、法的または慣習的手法により補完的な利用・開発規制を敷くことにより設けられるもうひとつの保護の網。推薦資産の直接のセッティング（周辺の環境）、重要な景色やその他資産の保護を支える重要な機能をもつ地域または特性が含まれるべきである。
＿＿＿＿＿＿＿ ha

- ●景観条例
- ●環境保全条例

長期的な保存管理計画

登録推薦資産の現在及び未来にわたる効果的な保護を担保するために、各資産について、資産の「顕著な普遍的価値」をどのように保全すべきか（参加型手法を用いることが望ましい）について明示した適切な管理計画のこと。どのような管理体制が効果的かは、登録推薦資産のタイプ、特性、ニーズや当該資産が置かれた文化、自然面での文脈によっても異なる。管理体制の形は、文化的視点、資源量やその他の要因によって、様々な形式をとり得る。伝統的手法、既存の都市計画や地域計画の手法、その他の計画手法が使われることが考えられる。

- ●管理主体
- ●管理体制
- ●管理計画

- ●記録・保存・継承
- ●公開・活用（教育、観光、まちづくり）

- ●地域計画、都市計画
- ●協働のまちづくり

登録範囲

担保条件

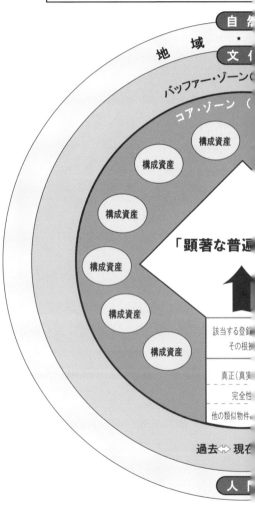

顕著な普遍的価値（Outstand

国家間の境界を超越し、人類全体にとって現代及び将来...
文化的な意義及び/又は自然的な価値を意味する。...
国際社会全体にとって最高水準の重要性を有する。

ローカル ⇨ リージョナル ⇨ ナショナル

登録遺産名：○○○○○○○○○○
日本語表記：○○○○○○○○○○
位置（経緯度）：北緯○○度○○分　東経○
登録遺産の説明と概要：○○○○○○○
　　　　　　　　　　○○○○○○○

世界遺産ガイドーコーカサス諸国編ー

ユネスコ世界遺産の概要

「価値」の考え方について

（~~~sal Value＝OUV）

~~通した重要性をもつような、傑出した
~~うな遺産を恒久的に保護することは

ナショナル ⇨ グローバル

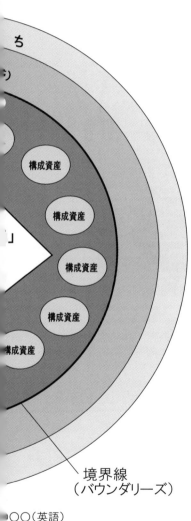

境界線
（バウンダリーズ）

○○（英語）
○○○○
分
○○○○○○
○○○○○

必要十分条件の証明

必要条件

登録基準（クライテリア）

(i) 人類の創造的天才の傑作を表現するもの。
→**人類の創造的天才の傑作**

(ii) ある期間を通じて、または、ある文化圏において、建築、技術、記念碑的芸術、町並み計画、景観デザインの発展に関し、人類の価値の重要な交流を示すもの。
→**人類の価値の重要な交流を示すもの**

(iii) 現存する、または、消滅した文化的伝統、または、文明の、唯一の、または、少なくとも稀な証拠となるもの。
→**文化的伝統、文明の稀な証拠**

(iv) 人類の歴史上重要な時代を例証する、ある形式の建造物、建築物群、技術の集積、または、景観の顕著な例。
→**歴史上、重要な時代を例証する優れた例**

(v) 特に、回復困難な変化の影響下で損傷されやすい状態にある場合における文化（または、複数の文化）、或は、環境と人間との相互作用、を代表する伝統的集落、または、土地利用の顕著な例。
→**存続が危ぶまれている伝統的集落、土地利用の際立つ例**

(vi) 顕著な普遍的意義を有する出来事、現存する伝統、思想、信仰、または、芸術的、文学的作品と、直接に、または、明白に関連するもの。
→**普遍的出来事、伝統、思想、信仰、芸術、文学的作品と関連するもの**

(vii) もっともすばらしい自然現象、または、ひときわすぐれた自然美をもつ地域、及び、美的な重要性を含むもの。→**自然景観**

(viii) 地球の歴史上の主要な段階を示す顕著な見本であるもの。これには、生物の記録、地形の発達における重要な地学的進行過程、或は、重要な地形的、または、自然地理的特性などが含まれる。
→**地形・地質**

(ix) 陸上、淡水、沿岸、及び、海洋生態系と動植物群集の進化と発達において、進行しつつある重要な生態学的、生物学的プロセスを示す顕著な見本であるもの。→**生態系**

(x) 生物多様性の本来的保全にとって、もっとも重要かつ意義深い自然生息地を含んでいるもの。これには、科学上、または、保全上の観点から、普遍的価値をもつ絶滅の恐れのある種が存在するものを含む。
→**生物多様性**

※上記の登録基準(i)～(x)のうち、一つ以上の登録基準を満たすと共に、それぞれの根拠となる説明が必要。

十分条件

真正（真実）性（オーセンティシティ）

文化遺産の種類、その文化的文脈によって一様ではないが、資産の文化的価値（上記の登録基準）が、下に示すような多様な属性における表現において真実かつ信用性を有する場合に、真正性の条件を満たしていると考えられ得る。
○形状、意匠
○材料、材質
○用途、機能
○伝統、技能、管理体制
○位置、セッティング（周辺の環境）
○言語その他の無形遺産
○精神、感性
○その他の内部要素、外部要素

完全性（インテグリティ）

自然遺産及び文化遺産とそれらの特質のすべてが無傷で包含されている度合を測るためのものさしである。従って、完全性の条件を調べるためには、当該資産が以下の条件をどの程度満たしているかを評価する必要がある。
a)「顕著な普遍的価値」が発揮されるのに必要な要素（構成資産）がすべて含まれているか。
b) 当該物件の重要性を示す特徴を不足なく代表するために適切な大きさが確保されているか。
c) 開発及び管理放棄による負の影響を受けていないか。

他の類似物件との比較

当該物件を、国内外の類似の世界遺産、その他の物件と比較した比較分析を行わなければならない。比較分析では、当該物件の国内での重要性及び国際的な重要性について説明しなければならない。

Ⓒ世界遺産総合研究所

シンクタンクせとうち総合研究機構

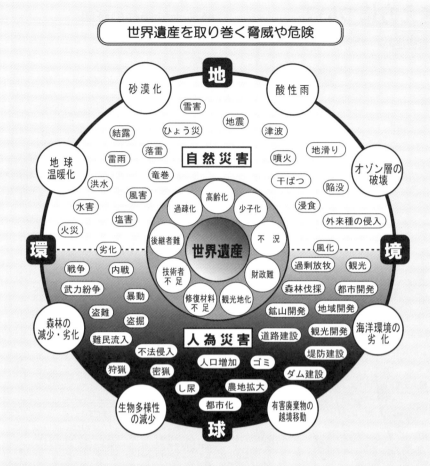

世界遺産を取巻く脅威、危険、危機の因子

- 固有危険　風化、劣化など
- 自然災害　地震、津波、地滑り、火山の噴火など
- 人為災害　タバコの不始末等による火災、無秩序な開発行為など
- 地球環境問題　地球温暖化、砂漠化、酸性雨、海洋環境の劣化など
- 社会環境の変化　過疎化、高齢化、後継者難、観光地化など

世界遺産を取巻く脅威、危険、危機の状況

- 確認危険　遺産が特定の確認された差し迫った危険に直面している状況
- 潜在危険　遺産固有の特徴に有害な影響を与えかねない脅威に直面している状況

世界遺産を取り巻く脅威や危険　確認危険と潜在危険

危険種別＼遺産種別	文化遺産	自然遺産
確認危険 Ascertained Danger	● 材質の重大な損壊 ● 構造、或は、装飾的な特徴 ● 建築、或は、都市計画の統一性 ● 歴史的な真正性 ● 文化的な定義	● 病気、密猟、密漁 ● 大規模開発、産業開発採掘、汚染、森林伐採 ● 境界や上流地域への人間の侵入
潜在危険 Potential Danger	● 遺産の法的地位 ● 保護政策 ● 地域開発計画 ● 都市開発計画 ● 武力紛争 ● 地質、気象、その他の環境的要因	● 指定地域の法的な保護状況 ● 再移転計画、或は開発事業 ● 武力紛争 ● 保護管理計画

コーカサス諸国の国々

アゼルバイジャン
写真は首都バクー

世界遺産ガイドーコーカサス諸国編ー

コーカサス諸国の国々

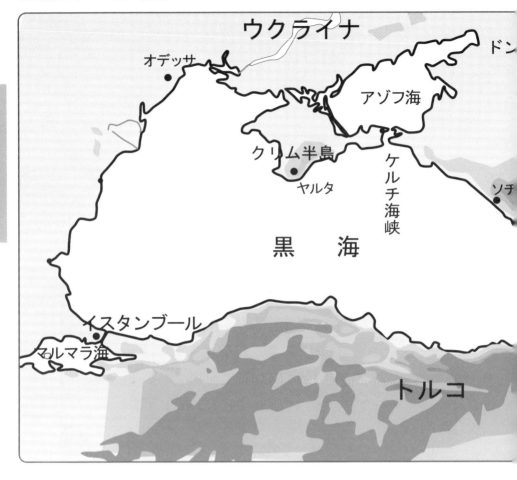

ジョージア
写真は首都トビリシ

シンクタンクせとうち総合研究機構

世界遺産ガイド－コーカサス諸国編－

コーカサス諸国の国々

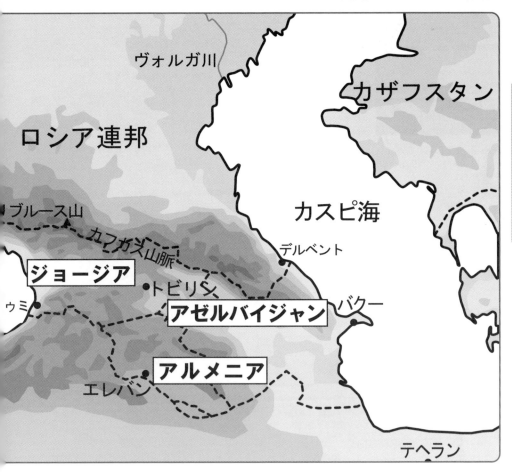

アルメニア
写真は首都エレバン

シンクタンクせとうち総合研究機構

アゼルバイジャン

Azerbaijan

正式名称　アゼルバイジャン共和国
国旗　水色、赤、緑の横三色、赤部分の中央に三日月と八角星を配した旗。
　　　八角星の八本の光は8グループのテュルク系民族を象徴している。
国歌　Azərbaycan marşı（アゼルバイジャン共和国国歌）
国鳥　オジロワシ

国連加盟　　　　1992年
ユネスコ加盟　　1992年
世界遺産条約締約　1993年

面積　8万6,600平方キロメートル（日本の約4分の1）
人口　990万人（2018年：国連人口基金）
首都　バクー
民族　アゼルバイジャン系（91.6%）、レズギン系（2.0%）、ロシア系（1.3%）、
　　　アルメニア系（1.3%）、タリシュ系（0.3%）
言語　公用語はアゼルバイジャン語（テュルク諸語に属し、トルコ（共和国）語や
　　　トルクメン語に近い）
宗教　主としてイスラム教シーア派
略史
　紀元前6〜4世紀　カフカース・アルバニア王国
　3〜7世紀　サーサーン朝ペルシアの支配
　7〜10世紀　アラブの支配
　11世紀〜　トルコ系諸民族の大量流入
　11〜13世紀　セルジューク朝諸政権の支配
　13世紀　モンゴル帝国に編入、イル・ハーン朝の支配
　13〜15世紀　テュルク化の進行
　16世紀　サファヴィー朝の支配下に入り、シーア派を受容
　16〜19世紀　イランのサファヴィー朝、ガージャール朝による支配
　1813年〜1828年　ロシア・イラン戦争の結果、ゴレスターン条約とトルコマンチャーイ条約に
　　　　　　　　　より北アゼルバイジャンがロシアに併合
　1918年5月　アゼルバイジャン人民共和国独立宣言
　1920年4月　バクーにソビエト政権樹立、アゼルバイジャン・ソビエト社会主義共和国成立
　1922年　ジョージア・アルメニアと共にザカフカス社会主義連邦ソビエト共和国を形成、
　　　　　ソ連邦結成に参加
　1936年　アゼルバイジャン・ソビエト社会主義共和国として連邦に加盟
　1988年2月　同共和国内のナゴルノ・カラバフ自治州においてアルメニアへの帰属替えを
　　　　　　　求めるアルメニア人の運動が高揚。スムガイト事件が発生。
　1989年10月5日　共和国主権宣言
　1991年2月5日　「アゼルバイジャン共和国」に国名変更
　1991年8月30日　共和国独立宣言
　1993年10月　ヘイダル・アリエフ大統領就任
　1994年5月　アルメニアとナゴルノ・カラバフ紛争に関し、停戦協定締結
　2003年10月　イルハム・アリエフ大統領就任
政体　共和制
議会　一院制（任期5年、定数125、前回選挙は2015年11月）
経済
主要産業　石油・天然ガス、石油製品、鉄鉱等
GDP　456億ドル（2018年：IMF推計値）
一人当たりGDP　4,587ドル（2018年：IMF推計値）

経済（実質GDP）成長率 1.3%（2018年：IMF推計値）
物価上昇率 3.5%（2018年：IMF推計値）
失業率 5.0%（2018年：IMF推計値）
貿易額 （1）輸出 138.12億米ドル （2）輸入 87.82億米ドル（2017年：CIS統計委員会）
主要貿易品
（1）輸出 鉱物性燃料、石油及び同製品、青果・ナッツ類
（2）輸入 ボイラー、機械類、鉄鋼、電子機器
（2017年：アゼルバイジャン国家統計委員会）
主要貿易相手国
（1）輸出 イタリア、トルコ、イスラエル、ロシア、チェコ
（2）輸入 ロシア、トルコ、中国、アメリカ、ウクライナ
通貨 マナト（Manat：1994年1月1日導入）（CIS統計委員会）
経済協力
日本の援助実績
（1）有償資金協力 1,011.62億円 （2016年度までの累計）
（2）無償資金協力 99.13億円 （2016年度までの累計／文化・草の根無償等を含む）
（3）技術協力実績 37.97億円 （2016年度までの累計）
主要援助国 日本、ドイツ、米国、韓国、英国、スイス
DAC諸国のODA実績（過去5年）（支出純額ベース、単位：百万ドル）
2015年 日本 39.69 ドイツ 17.40 米国 13.50 韓国 6.71 英国 3.74 36.69 88.54
文化
　世界遺産 シルヴァンシャーの宮殿と乙女の塔がある城塞都市バクー、ゴブスタンの岩石画の文化的景観
　世界無形文化遺産 アゼルバイジャンのムガーム、アゼルバイジャンのアシュクの芸術、ノヴルーズ、アゼルバイジャンの絨毯、タール、首長弦楽器の工芸と演奏の芸術、クラガイの伝統芸術と象徴主義、女性の絹のヘッドスカーフの製造と着用、ラヒジの銅の技能、フラットブレッドの製造と共有の文化：ラヴァシュ、カトリマ、ジュプカ、ユフカ、伝統をつくり分かち合うドルマ、文化的なアイデンティティの印、カマンチェ／カマンチャ工芸・演奏の芸術、擦弦楽器、デデ・クォルクード／コルキト・アタ／デデ・コルクトの遺産、叙事詩文化、民話、民謡、チョヴガン、伝統的なカラバフ馬に乗ってのゲーム、ヤッル（コチャリ、タンゼラ）、ナヒチェヴァンの伝統的な集団舞踊
　世界の記憶 中世の医療薬学に関する文書、ムハンマド・フズーリー＊の『ディヴァン』の手稿のコピー
　ゆかりの人物 ムスリム・マゴマエフ（歌手）、ウゼイル・ハジベヨフ（作曲家）、カラ・カラーエフ（作曲家）
日本の対アゼルバイジャン貿易（2018年：財務省貿易統計）
輸出 61億円（鉄鋼、自動車、ゴムタイヤ及びチューブ等）
輸入 9.5億円（非鉄金属（アルミニウム等）、植物性原材料等）
国際空港 ヘイダル・アリエフ国際空港
日本との時差 5時間
在留邦人数 49人（2017年12月現在）
在日当該国人数 148人（2018年6月：法務省）
駐日アゼルバイジャン大使館
〒152-0021　東京都目黒区東が丘1丁目19-15　電話：03-5486-4744
在アゼルバイジャン日本国大使館
Hyatt Tower III, 6th Floor, Izmir Str. 1033, az1065 Baku, Azerbaijan
電話：(994-12) 4907818〜19　Fax：(994-12) 4907817、20

世界遺産ガイド－コーカサス諸国編－

コーカサス諸国の国々

ジョージア（旧グルジア）
Georgia

正式名称	ジョージア
国旗	聖ゲオルギウス十字（白地に赤い十字）を中央に、四隅にエルサレム十字を配し、ファイブ・クロス・フラッグとして知られている。
国歌	Tavisupleba（タヴィスプレバ）
国花	ヨーロッパブドウ Vitis vinifera
国鳥	オジロワシ

国連加盟	1992年
ユネスコ加盟	1992年
世界遺産条約締約	1992年

面積 6万9,700平方キロメートル（日本の約5分の1）
人口 390万人（2018年：国連人口基金）
首都 トビリシ
民族 ジョージア系（86.8％）、アゼルバイジャン系（6.2％）、アルメニア系（4.5％）、ロシア系（0.7％）、オセチア系（0.4％）
言語 公用語はジョージア語（コーカサス諸語に属する）
宗教 主としてキリスト教（ジョージア正教）
略史

前6世紀 西ジョージアにコルキス王国成立
前4世紀～3世紀 東ジョージアにイベリア（カルトリ）王国成立
4世紀 イベリア（カルトリ）王国がキリスト教を国教化。ジョージア文字の考案
562年 西ジョージア、ビザンツ帝国により併合
6世紀 東ジョージア、サーサーン朝ペルシアにより征服
7世紀後半 東ジョージア、アラブにより征服
975年 バグラト朝成立。タマラ女王（在位1184年～1213年）のもとバグラト朝最盛期、南コーカサス全域を領有
13世紀以降 数次にわたる外敵の侵入、国土の疲弊
16世紀以降 オスマン朝とサファヴィー朝により東西に分割
1783年 ロシア帝国、東ジョージアのカルトリ・カヘティア王国を保護国化
1801年 東ジョージア、ロシアに併合
19世紀前半 西ジョージアの諸地方、漸次ロシアに併合
1844年 ロシア帝国、チフリスにカフカース総督府設置
1878年 アジャリア併合によりジョージア制圧完了
1918年5月 ジョージア・メンシェヴィキによりジョージア共和国独立宣言
1921年2月 赤軍チフリス入城、ジョージア・ソビエト社会主義共和国成立
1922年 アルメニア、アゼルバイジャンと共にザカフカス社会主義連邦ソビエト共和国を形成、ソ連邦結成に参加。
1956年 トビリシ事件（民衆集会・運動が軍により流血の弾圧）
1989年4月 トビリシ事件（独立回復要求集会へのソ連軍の弾圧）
1991年4月9日 独立宣言
1991年5月 ガムサフルディア、初代大統領に当選
1992年1月6日 反ガムサフルディア派、大統領官邸占拠。ガムサフルディア大統領、ジョージアから脱出
1992年2月 国家評議会創設。シェヴァルナゼ元ソ連外相が帰国し、国家評議会議長に就任
1995年11月 シェヴァルナゼ大統領就任（2000年再選）
2003年11月 野党勢力が議会を占拠、シェヴァルナゼ大統領辞任（バラ革命）
2004年1月 サーカシヴィリ大統領就任
2007年11月 反政府デモ隊と治安当局の衝突により多数の負傷者が出たことを受け、非常事態令発令。2008年1月に大統領選挙を繰り上げることで事態は収拾
2008年1月 サーカシヴィリ大統領再選
2008年8月 ジョージア軍と南オセチア軍の軍事衝突にロシアが介入。ロシアは南オセチア及びアブハジアの独立を一方的に承認
2012年10月 議会選挙にて野党「ジョージアの夢」が勝利。イヴァニシヴィリ首相率いる

新政府が発足
政治体制・内政
政体 共和制
議会 一院制（任期4年，定数150，前回選挙は2016年10月）
主要産業 農業，食品加工業，鉱業
GDP 167.2億米ドル（2018年：IMF推計値）
一人当たりGDP 4,506ドル（2018年：IMF推計値）
経済（実質GDP）成長率 5.5%（2018年：IMF推計値）
物価上昇率 2.8%（2018年：IMF推計値）
失業率 13.9%（2017年：ジョージア国家統計局）
貿易額
　(1) 輸出　33.54億ドル
　(2) 輸入　91.19億ドル
　(2018年（速報値）：ジョージア国家統計局）
主要貿易品目
　(1) 輸出　銅鉱，自動車，合金鉄，ワイン，たばこ
　(2) 輸入　石油・石油ガス，自動車，銅鉱，医薬品，電話機
　(2018年：ジョージア国家統計局）
主要貿易相手国
　(1) 輸出　EU諸国，アゼルバイジャン，ロシア，アルメニア，トルコ
　(2) 輸入　EU諸国，トルコ，ロシア，中国，アゼルバイジャン
　(2018年：ジョージア国家統計局）
通貨 ラリ（Lari：1995年9月25日導入）（CIS統計委員会）
為替レート 1ドル＝2.69ラリ（2019年3月18日現在：ジョージア国立銀行）
経済協力
日本の援助実績
　(1) 有償資金協力　274.64億円　（2016年度までの累計）
　(2) 無償資金協力　114.41億円　（2016年度までの累計／文化・草の根無償等を含む）
　(3) 技術協力実績　22.70億円　（2016年度までの累計）
主要援助国 米国，日本，ドイツ，スウェーデン，スイス
文化
　世界遺産 ゲラチ修道院，ムツヘータの歴史的建造物群，アッパー・スヴァネチ
　世界無形文化遺産 ジョージアの多声合唱、古代ジョージアの伝統的なクヴェヴリ・ワインの製造方法、三書体のジョージア文字の生活文化、チタオバ、ジョージアのレスリング
　世界の記憶 ジョージアのビザンチンの文献、「ジョージア王国の概要」とヴァフシュティ・バグラティオニの地理地図、ショタ・ルスタヴェリの長編叙事詩「豹皮の騎士」の原稿集ジョージア国立公文書館に保存されている最古の手書き文書、四福音書-パリンプセスト
　ゆかりの人物 黒海、栃ノ心（相撲）、ニーナ・アナニアシヴィリ（バレエダンサー）、カハ・カラーゼ（サッカー選手）
経済関係
日本の対ジョージア貿易（2018年：財務省貿易統計）
輸出　280.9億円（自動車、ゴムタイヤ及びチューブ、一般機械）
輸入　21.2億円（衣類、アルミニウム及び同合金、化学製品、金属鉱及びくず，ワイン）
国際空港 トビリシ国際空港
日本との時差 5時間
在留邦人数 45人（2017年10月現在）
在日当該国人数 85人（2018年6月：法務省）
駐日ジョージア大使館
〒107-0052　東京都港区赤坂1-11-36　Residence Viscountess #220　電話：03-5575-6091
在ジョージア日本国大使館
7D Krtsanisi Street, Tbilisi 0114 Georgia　電話：(995-32) 275-2111 Fax：(995-32) 275-2112

アルメニア
Armenia

正式名称	アルメニア共和国
国旗	赤が独立のために流された血、青は空、希望、国土、オレンジは勇気、神の恵み、そして主要農産物である小麦とされている。
国歌	Mer Hayrenik（我が祖国）
国鳥	コウノトリ

国連加盟	1992年
ユネスコ加盟	1992年
世界遺産条約締約	1993年

面積 2万9,800平方キロメートル（日本の約13分の1）
人口 290万人（2017年：国連人口基金）
首都 エレバン
民族 アルメニア系（98.1%）、ヤズィディ系（1.1%）、ロシア系（0.3%）、
　　　アッシリア系（0.1%）、クルド系（0.1%）、その他（0.3%）
言語 公用語はアルメニア語（インド・ヨーロッパ語族に属し、独立の一語派をなす）
宗教 主としてキリスト教（東方諸教会系のアルメニア教会）。アルメニアは、国家として、
　　　また、民族としても、世界で最初に公式にキリスト教を受容した国　（301年）。
略史
　前4〜3世紀　東アルメニアにエルヴァンド朝成立
　〜前1世紀　西アルメニアにソフェネ成立
　前190年〜後10年頃　アルタシェス朝古代アルメニア王国成立
　1〜5世紀　アルサケス朝の支配，ローマとペルシアにより分割
　301年　アルサケス朝のトルダト3世、キリスト教に改宗
　5〜7世紀　サーサーン朝ペルシアとビザンツ帝国による分割統治
　652年　アラブ勢力により征服
　885年頃〜1045年　バグラト朝成立
　11世紀　セルジューク朝諸政権により征服
　1050年頃〜1375年　キリキア（アナトリア南東部）にアルメニア系王朝
　14〜15世紀　ティムール朝、カラ・コユンル朝、アク・コユンル朝による支配
　16〜18世紀　オスマン朝とサファヴィー朝によるアルメニア争奪戦
　1828年　トルコマンチャーイ条約により東アルメニアがイランからロシアに割譲
　1918年5月　アルメニア共和国（第一共和国）成立
　1920年　アルメニア・ソビエト社会主義共和国成立
　1922年　ジョージア、アゼルバイジャンと共にザカフカス社会主義連邦ソビエト共和国を
　　　　　形成、ソ連邦結成に参加
　1936年　アルメニア・ソビエト社会主義共和国成立
　1988年2月　ナゴルノ・カラバフ帰属を巡るアゼルバイジャンとの抗争が表面化
　1990年8月23日　共和国主権宣言
　1991年9月21日　共和国独立宣言
政体 共和制
議会 一院制
経済
主要産業 農業、宝石加工（ダイヤモンド）、IT産業
GDP 115億米ドル（2017年：IMF推計値）
一人当たりGDP 3,857米ドル（2017年：IMF推計値）
経済（実質GDP）成長率 7.5%（2017年：IMF推計値）
物価上昇率 0.9%（2017年：IMF推計値）
失業率 18.9%（2017年：IMF推計値）

貿易額
  (1) 輸出　22.24億米ドル　(2) 輸入　40.97億米ドル
主要貿易品目
  (1) 輸出　銅鉱、たばこ、アルコール飲料、貴金属、ダイヤモンド、アルミニウム
  (2) 輸入　石油ガス類，石油製品，医薬品，ダイヤモンド，輸送用機器，通信用機器
主要貿易相手国
    (1) 輸出　ロシア、ブルガリア、スイス、ジョージア、ドイツ
    (2) 輸入　ロシア、中国、トルコ、ドイツ、イラン
通貨　ドラム（Dram：1993年11月22日導入）（CIS統計委員会）
為替レート　1ドル＝484.55ドラム（2018年12月19日現在：アルメニア中央銀行）
経済協力
日本の援助実績
  (1) 有償資金協力　318.08億円　　（2016年度までの累計）
  (2) 無償資金協力　73.00億円　　（2016年度までの累計／文化・草の根無償等を含む）
  (3) 技術協力実績　45.68億円　　（2016年度までの累計）
主要援助国　ドイツ，米国，フランス，スイス，オーストリア
DAC諸国のODA実績（過去5年）（支出総額ベース、単位：百万米ドル）
  米国　26.81　ドイツ　25.43　フランス　20.63　スイス　6.48　日本　3.97
文化
  世界遺産　ハフパットとサナヒンの修道院、ゲガルド修道院とアザト峡谷の上流、
    エチミアジンの聖堂と教会群およびスヴァルトノツの考古学遺跡
  世界無形文化遺産　ドゥドゥクとその音楽、ハチュカルの象徴性と工芸技術、アルメニアの
    十字架石、アルメニアの叙事詩「サスン家のダヴィド」の上演、ラヴァッシュ、アルメニアの
    文化的表現としての伝統的なアルメニア・パンの準備、意味、外見、コチャリ、
    伝統的な集団ダンス
  世界の記憶　ドゥドゥクとその音楽、ハチュカルの象徴性と工芸技術、アルメニアの
    十字架石、アルメニアの叙事詩「サスン家のダヴィド」の上演、ラヴァッシュ、
    アルメニアの文化的表現としての伝統的なアルメニア・パンの準備、意味、外見、コチャリ、
    伝統的な集団ダンス
経済関係
日本の対アルメニア貿易（2017年：財務省貿易統計）
 輸出　21.7億円（自動車、ゴムタイヤ及びチューブ、建設用・鉱山用機械，精密機器等）
 輸入　11.7億円（衣類、アルミニウム及び同合金、紙巻たばこ、機械類及び輸送機器、アルコール飲料等）
国際空港　ズヴァルトノッツ国際空港
日本との時差　5時間
在留邦人数　27人（2017年10月現在）
在日当該国人数　59人（2017年12月：法務省）
駐日アルメニア大使館
  〒107-0052　東京都港区赤坂1丁目11-36　Residence Viscountess #230　電話：03-6277-745
在アルメニア日本国大使館
  Yerevan city, Babayan street 23/4　電話：（374）-11-523-010

世界遺産　キーワード

- Area of nominated property　登録範囲
- Authenticity　真正性、或は、真実性
- Boundaries　境界線（コア・ゾーンとバッファー・ゾーンとの）
- Buffer Zone　バッファー・ゾーン（緩衝地帯）
- Community　地域社会
- Comparative Analysis　比較分析
- Components　構成資産
- Comparison with other similar properties　他の類似物件との比較
- Conservation and Management　保護管理
- Core Zone　コア・ゾーン（核心地域）
- Criteria for Inscription　登録基準
- Cultural and Natural Heritage　複合遺産
- Cultural Heritage　文化遺産
- Cultural Landscapes　文化的景観
- ICCROM　文化財保存及び修復の研究のための国際センター（通称　ローマセンター）
- ICOMOS　国際記念物遺跡会議
- Integrity　完全性
- International Cooperation　国際協力
- IUCN　国際自然保護連合
- Juridical Data　法的データ
- Minor modifications to the boundaries　登録範囲の軽微な変更
- Monitoring　モニタリング（監視）
- Natural and Cultural Landscape　複合景観（自然・文化景観）
- Natural Heritage　自然遺産
- Periodic Reporting　定期報告
- Preserving and Utilizing　保全と活用
- Protected Areas　保護地域
- Reinforced Monitoring Mechanism　監視強化メカニズム
- Serial nomination　シリアル・ノミネーション（連続性のある）
- Significant modifications to the boundaries　登録範囲の重大な変更
- State of Conservation　保護状況
- Transboundary nomination　トランスバウンダリー・ノミネーション（国境をまたぐ）
- World Heritage　世界遺産
- World Heritage Committee　世界遺産委員会
- World Heritage Fund　世界遺産基金
- World Heritage in Danger　危機にさらされている世界遺産

コーカサス諸国の世界遺産 概説

シルヴァンシャーの宮殿と乙女の塔がある城塞都市バクー
（アゼルバイジャン）

コーカサス諸国の世界遺産 概説

　本書では、コーカサス諸国、すなわち、アゼルバイジャン、ジョージア、アルメニアの3か国の世界的な「顕著な普遍的価値」を有する「世界遺産」を特集した。また、同じユネスコ遺産である「世界無形文化遺産」、「世界の記憶」も取りあげた。

　コーカサスとは、ヨーロッパの南東部、黒海とカスピ海に挟まれ、アジアとヨーロッパの境とされたカフカス山脈を中心とする地域をいう。ギリシア語名ではカウカソス、英語名ではコーカサスという。北のマニチ低地から南のイラン、トルコとの国境まで、面積は約44万km2、大カフカス山脈の北の北カフカス（前方カフカスとも呼ぶ）と南側のザカフカス（南カフカス、外カフカス）に二分される。

　世界最古の石油井を持つ資源大国であるアゼルバイジャンは、民族は、アゼルバイジャン系（91.6％）、レズギン系（2.0％）、ロシア系（1.3％）、アルメニア系（1.3％）、タリシュ系（0.3％）（2009年，アゼルバイジャン共和国国家統計局）、宗教は、主としてイスラム教シーア派である。

　アゼルバイジャンは、1993年12月に世界では136番目に世界遺産条約を締約、2019年6月現在、アゼルバイジャンの世界遺産の数は2件である。アゼルバイジャンは、世界遺産委員会の委員国を、2015年からの4年間、務めている。アゼルバイジャン最初の世界遺産は、2000年に登録された「シルヴァンシャーの宮殿と乙女の塔がある城塞都市バクー」である。また、世界遺産暫定リストには、「ナキンシェヴァンの霊廟」、「カスピ海岸の防御建造物群」など11件が記載されている。

　世界無形文化遺産については、2007年1月に世界では73番目に無形文化遺産保護条約を締約、世界無形文化遺産は13件で、「緊急保護リスト」に「チョヴガン、伝統的なカラバフ馬に乗ってのゲーム」と「ヤッル（コチャリ、タンゼラ）、ナヒチェヴァンの伝統的な集団舞踊」の2件、「代表リスト」に「アゼルバイジャンのムガーム」、「アゼルバイジャンの絨毯」など11件が登録されている。

　世界の記憶については、「中世の医療薬学に関する文書」と「ムハンマド・フズーリーの『ディヴァン』の手稿のコピー」の2件が登録されている。

　伝統的ワイン製法が世界無形文化遺産に登録されたジョージア（2015年に日本における国名の呼び方を「グルジア」から「ジョージア」に変更）は、民族は、ジョージア系（86.8％）、アゼルバイジャン系（6.2％）、アルメニア系（4.5％）、ロシア系（0.7％）、オセチア系（0.4％）、宗教は、主としてキリスト教（ジョージア正教）である。

　ジョージアは、1992年11月に世界では128番目に世界遺産条約を締約、ジョージアの世界遺産の数は3件である。ジョージアの世界遺産は、「ゲラチ修道院」、「ムツヘータの歴史的建造物群」、「アッパー・スヴァネチ」の3件である。ジョージアの最初の世界遺産は、1994年に登録された「ゲラチ修道院」と「ムツヘータの歴史的建造物群」である。また、世界遺産暫定リストには、「トビリシの歴史地区」などの15件が記載されている。

コーカサス諸国の世界遺産　概説

世界無形文化遺産については、2008年3月に世界では92番目に無形文化遺産保護条約を締約、ジョージアの世界無形文化遺産の数は4件で、「ジョージアの多声合唱」、「チタオバ、ジョージアのレスリング」などが「代表リスト」に登録されている。

世界記憶遺産については、「ジョージアのビザンチンの文献」などの5件が登録されている。

世界で初めてキリスト教を国教化したアルメニアは、民族は、アルメニア系（98.1％）、ヤズィディ系（1.1％）、ロシア系（0.3％）、アッシリア系（0.1％）、クルド系（0.1％）、その他（0.3％）（2011年、アルメニア共和国国勢調査）、宗教は、主としてキリスト教（東方諸教会系のアルメニア教会）。アルメニアは、国家として、また民族としても、世界で最初に公式にキリスト教を受容した国（301年）である。

アルメニアは、1993年9月に世界では135番目に世界遺産条約を締約、アルメニアの世界遺産の数は3件である。アルメニアの世界遺産は、「ハフパットとサナヒンの修道院」、「ゲガルド修道院とアザト峡谷の上流」、「エチミアジンの聖堂と教会群およびスヴァルトノツの考古学遺跡」の3件でである。アルメニアの最初の世界遺産は、1996年に登録された「ハフパットとサナヒンの修道院」である。また、世界遺産暫定リストには、「ドヴァン市の考古学遺跡」などの4件が記載されている。

世界無形文化遺産については、2006年5月に世界では49番目に無形文化遺産保護条約を締約、世界無形文化遺産の数は5件で「ラヴァッシュ、アルメニアの文化的表現としての伝統的なアルメニア・パンの準備、意味、外見」などが「代表リスト」に登録されている。

世界記憶遺産については、「作曲家アラム・ハチャトゥリアンの原稿と映画音楽のコレクション」などの3件が登録されている。

　2022年（令和4年）、日本とコーカサス諸国は外交関係樹立30周年を迎える。日本は中立的な立場から、経済協力などを通じて、これらの諸国の国づくりや復興を支援してきた。

コーカサス諸国は、それぞれに特色のある歴史や文化、産業などを有しているが、各国の国づくりや発展を阻害する要因は多々あり、また、隣国同士でも、アゼルバイジャンとアルメニアとはナゴルノ・カラバフ紛争、アルメニアはトルコとの歴史問題、また、ジョージアはロシアとの間でのアブハジアや南オセチアの紛争を抱えていたりと、様々な火種が地域の安全保障に大きな影を落としている。

また、コーカサス諸国は、石油や天然ガスなど豊富なエネルギー資源を有し、カスピ海地域から欧州、ロシア、中国に向けてパイプラインを設置する、重要なエネルギー輸送ルートである国際エネルギー安全保障の観点からも大変重要な地域である。

コーカサス諸国の情勢は、ユーラシア大陸全体の平和と安定に大きく影響する為、この地域の動向は、国際社会全体の大きな関心事となっている。

シンクタンクせとうち総合研究機構

世界遺産ガイド－コーカサス諸国編－

コーカサス諸国の世界遺産 概説

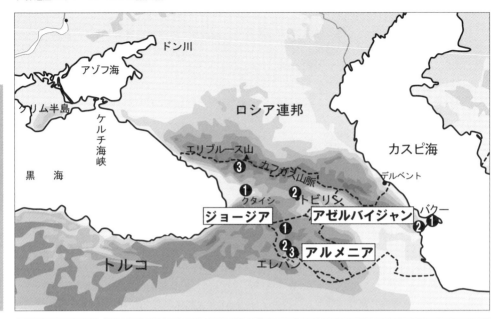

 アゼルバイジャン共和国
Republic of Azerbaijan
首都　バクー
世界遺産の数　2　世界遺産条約締約年　1993年

❶ シルヴァンシャーの宮殿と乙女の塔がある城塞都市バクー
（Walled City of Baku with the Shirvanshah's Palace and Maiden Tower）
文化遺産（登録基準(iv)）　2000年

❷ ゴブスタンの岩石画の文化的景観
（Gobustan Rock Art Cultural Landscape）
文化遺産（登録基準(iii)）　2007年

ゴブスタンの岩石画の文化的景観
写真は筆者

シンクタンクせとうち総合研究機構

ジョージア
Georgia
首都　トビリシ
世界遺産の数　3　世界遺産条約締約年　1992年

❶ゲラチ修道院（Gelati Monastery）
　文化遺産（登録基準(iv)）
　1994年／2017年

❷ムツヘータの歴史的建造物群（Historical Monuments of Mtskheta）
　文化遺産（登録基準(iii)(iv)）
　1994年

❸アッパー・スヴァネチ（Upper Svaneti）
　文化遺産（登録基準(iv)(v)）　1996年

アルメニア共和国
Republic of Armenia
首都　エレバン
世界遺産の数　3　世界遺産条約締約年　1993年

❶ハフパットとサナヒンの修道院（Monasteries of Haghpat and Sanahin）
　文化遺産（登録基準(ii)(iv)）
　1996年／2000年

❷ゲガルド修道院とアザト峡谷の上流
　（Monastery of Geghard and the Upper Azat Valley）
　文化遺産（登録基準(ii)）　2000年

❸エチミアジンの聖堂と教会群およびスヴァルトノツの考古学遺跡
　（Cathedral and Churches of Echmiatsin and the Archaeological Site of Zvartnots）
　文化遺産（登録基準(ii)(iii)）　2000年

サナヒン修道院（アルメニア）

※ 世界遺産、世界無形文化遺産、世界の記憶の違い

	世 界 遺 産	世界無形文化遺産	世界の記憶
準拠	世界の文化遺産および自然遺産の保護に関する条約 （略称：世界遺産条約）	無形文化遺産の保護に関する条約 （略称：無形文化遺産保護条約）	メモリー・オブ・ザ・ワールド・プログラム（略称：MOW） ＊条約ではない
採択・開始	1972年	2003年	1992年
目的	かけがえのない遺産をあらゆる脅威や危険から守る為に、その重要性を広く世界に呼びかけ、保護・保全の為の国際協力を推進する。	グローバル化により失われつつある多様な文化を守るため、無形文化遺産尊重の意識を向上させ、その保護に関する国際協力を促進する。	人類の歴史的な文書や記録など、忘却してはならない貴重な記録遺産を登録し、最新のデジタル技術などで保存し、広く公開する。
対象	有形の不動産 （文化遺産、自然遺産）	文化の表現形態 ・口承及び表現 ・芸能 ・社会的慣習、儀式及び祭礼行事 ・自然及び万物に関する知識及び慣習 ・伝統工芸技術	・文書類（手稿、写本、書籍等） ・非文書類（映画、音楽、地図等） ・視聴覚類（映画、写真、ディスク等） ・その他　記念碑、碑文など
登録申請	各締約国（193か国） 2019年6月現在	各締約国（178か国） 2019年6月現在	国、地方自治体、団体、個人など
審議機関	世界遺産委員会 （委員国21か国）	無形文化遺産委員会 （委員国24か国）	ユネスコ事務局長 ↑ 国際諮問委員会
審査評価機関	NGOの専門機関 （ICOMOS, ICCROM, IUCN） 現地調査と書類審査	無形文化遺産委員会の 評価機関 6つの専門機関と6人の専門家で構成	国際諮問委員会の 補助機関　登録分科会 専門機関 （IFLA, ICA, ICAAA, ICOM などのNGO）
リスト	世界遺産リスト　（1092件）	人類の無形文化遺産の 代表的なリスト （略称：代表リスト）（429件）	世界の記憶リスト （427件）
登録基準	必要条件：10の基準のうち、1つ以上を完全に満たすこと。 顕著な普遍的価値	必要条件： 5つの基準を全て満たすこと。 コミュニティへの社会的な役割と文化的な意味	必要条件：5つの基準のうち、1つ以上の世界的な重要性を満たすこと。 世界史上重要な文書や記録
危機リスト	危機にさらされている世界遺産リスト （略称：危機遺産リスト）（54件）	緊急に保護する必要がある無形文化遺産のリスト （略称：緊急保護リスト）（59件）	－
基金	世界遺産基金	無形文化遺産保護基金	世界の記憶基金
事務局	ユネスコ世界遺産センター	ユネスコ文化局無形遺産課	ユネスコ情報・コミュニケーション局知識社会部ユニバーサルアクセス・保存課
指針	オペレーショナル・ガイドラインズ （世界遺産条約履行の為の作業指針）	オペレーショナル・ディレクティブス （無形文化遺産保護条約履行の為の運用指示書）	ジェネラル・ガイドラインズ （記録遺産保護の為の一般指針）
日本の窓口	外務省、文化庁 環境省、林野庁	外務省、文化庁	文部科学省 日本ユネスコ国内委員会

世界遺産ガイド－コーカサス諸国編－

	世界遺産	世界無形文化遺産	世界の記憶
代表例	<自然遺産> ○ キリマンジャロ国立公園（タンザニア） ○ グレート・バリア・リーフ（オーストラリア） ○ グランド・キャニオン国立公園（米国） ○ ガラパゴス諸島（エクアドル） <文化遺産> ● アンコール（カンボジア） ● タージ・マハル（インド） ● 万里の長城（中国） ● モン・サン・ミッシェルとその湾（フランス） ● ローマの歴史地区（イタリア・ヴァチカン） <複合遺産> ◎ 黄山（中国） ◎ トンガリロ国立公園（ニュージーランド） ◎ マチュ・ピチュの歴史保護区（ペルー） 　　　　　　　　　　　　　　　　など	◉ ジャマ・エル・フナ広場の文化的空間（モロッコ） ◉ ベドウィン族の文化空間（ヨルダン） ◉ ヨガ（インド） ◉ カンボジアの王家の舞踊（カンボジア） ◉ ヴェトナムの宮廷音楽、ニャー・ニャック（ヴェトナム） ◉ イフガオ族のフドフド詠歌（フィリピン） ◉ 端午節（中国） ◉ 江陵端午祭（カンルンタノジュ）（韓国） ◉ コルドバのパティオ祭り（スペイン） ◉ フランスの美食（フランス） ◉ ドゥブロヴニクの守護神聖ブレイズの祝祭（クロアチア） 　　　　　　　　　　　　　　　　など	○ アンネ・フランクの日記（オランダ） ○ ゲーテ・シラー資料館のゲーテの直筆の文学作品（ドイツ） ○ ブラームスの作品集（オーストリア） ○ 朝鮮王朝実録（韓国） ○ 人間と市民の権利の宣言（1789～1791年）（フランス） ○ 解放闘争の生々しいアーカイヴ・コレクション（南アフリカ） ○ エレノア・ルーズベルト文書プロジェクトの常設展（米国） ○ ヴァスコ・ダ・ガマのインドへの最初の航海史1497～1499年（ポルトガル） 　　　　　　　　　　　　　　　　など
日本関係	（22件） <自然遺産> ○ 白神山地 ○ 屋久島 ○ 知床 ○ 小笠原諸島 <文化遺産> ● 法隆寺地域の仏教建造物 ● 姫路城 ● 古都京都の文化財 　（京都市 宇治市 大津市） ● 白川郷・五箇山の合掌造り集落 ● 広島の平和記念碑（原爆ドーム） ● 厳島神社 ● 古都奈良の文化財 ● 日光の社寺 ● 琉球王国のグスク及び関連遺産群 ● 紀伊山地の霊場と参詣道 ● 石見銀山遺跡とその文化的景観 ● 平泉－仏国土（浄土）を表す建築・庭園及び考古学的遺跡群－ ● 富士山－信仰の対象と芸術の源泉 ● 富岡製糸場と絹産業遺産群 ● 明治日本の産業革命遺産 　－製鉄・製鋼、造船、石炭産業 ● ル・コルビュジエの建築作品 　－近代建築運動への顕著な貢献 ● 「神宿る島」宗像・沖ノ島と関連遺産群 ● 長崎と天草地方の潜伏キリシタン関連遺産	（21件） ◉ 能楽 ◉ 人形浄瑠璃文楽 ◉ 歌舞伎 ◉ 秋保の田植踊（宮城県） ◉ チャッキラコ（神奈川県） ◉ 題目立（奈良県） ◉ 大日堂舞楽（秋田県） ◉ 雅楽 ◉ 早池峰神楽（岩手県） ◉ 小千谷縮・越後上布－新潟県魚沼地方の麻織物の製造技術（新潟県） ◉ 奥能登のあえのこと（石川県） ◉ アイヌ古式舞踊（北海道） ◉ 組踊、伝統的な沖縄の歌劇（沖縄県） ◉ 結城紬、絹織物の生産技術（茨城県、栃木県） ◉ 壬生の花田植、広島県壬生の田植の儀式（広島県） ◉ 佐陀神能、島根県佐太神社の神楽（島根県） ◉ 那智の田楽,那智の火祭りで演じられる宗教的な民俗芸能（和歌山県） ◉ 和食：日本人の伝統的な食文化 　－正月を例として ◉ 和紙：日本の手漉和紙技術 　（島根県、岐阜県、埼玉県） ◉ 日本の山・鉾・屋台行事 　（青森県、埼玉県、京都府など18府県33件） ◉ 来訪神：仮面・仮装の神々 　（秋田県など8県10件）	（7件） ○ 山本作兵衛コレクション 　＜所蔵機関＞田川市石炭・歴史博物館 　福岡県立大学附属研究所（福岡県田川市） ○ 慶長遣欧使節関係資料 　（スペインとの共同登録） 　＜所蔵機関＞仙台市博物館（仙台市） ○ 御堂関白記：藤原道長の自筆日記 　＜所蔵機関＞公益財団法人陽明文庫 　（京都市右京区） ○ 東寺百合文書 　＜所蔵機関＞京都府立総合資料館 　（京都市左京区） ○ 舞鶴への生還－1946～1953シベリア抑留等日本人の本国への引き揚げの記録 　＜所蔵機関＞舞鶴引揚記念館 　（京都府舞鶴市） ○ 上野三碑（こうずけさんぴ） 　＜所蔵機関＞高崎市 ○ 朝鮮通信使に関する記録 17～19世紀の日韓間の平和構築と文化交流の歴史 　（韓国との共同登録） 　＜所蔵機関＞東京国立博物館、長崎県立対馬歴史民俗資料館、日光東照宮など
今後の候補	● 百舌鳥・古市古墳群 　→2019年登録審議予定 ○ 奄美大島、徳之島、沖縄島北部及び西表島 　→2020年登録審議予定	◉ 伝統建築工匠の技:木造建造物を受け継ぐための伝統技術 　→2020年登録審議予定	○ 杉原リスト－1940年、杉原千畝が避難民救済のため人道主義・博愛精神に基づき大量発給した日本通過ビザ発給の記録 　→2017年第13回国際諮問委員会にて登録審査の結果　不登録

シンクタンクせとうち総合研究機構

アゼルバイジャンの世界遺産

シルヴァンシャーの宮殿と乙女の塔がある城塞都市バクー

シルヴァンシャーの宮殿と乙女の塔がある城塞都市バクー

英語名	Walled City of Baku with the Shirvanshah's Palace and Maiden Tower
遺産種別	文化遺産
登録基準	(iv) 人類の歴史上重要な時代を例証する、ある形式の建造物、建築物群、技術の集積、または、景観の顕著な例。
登録年月	2000年12月 (第24回世界遺産委員会ケアンズ会議)
登録遺産の面積	21.5ha　　バッファー・ゾーン　12ha

登録遺産の概要　シルヴァンシャーの宮殿と乙女の塔がある城塞都市バクーは、カスピ海の南西に面するアプセロン半島のバクー湾に面した港町である。バクーとは、ペルシア語で、「風の吹く町」を意味し、12世紀に海岸ぎりぎりに城壁が築かれ、その中に、「内城」(イチェリ・シェヘル)で囲まれた旧市街がある。乙女の塔(クイズ・ガラスイ)は、12世紀に建てられた奇妙な楕円形の見張りの塔で、好きでもない男との結婚を押し付けられた王女が塔の上からカスピ海に身を投げたという伝説も残っている。中央広場を中心に、ゾロアスター、ササン、アラビア、ペルシア、シルヴァン、オスマン、ロシアなど多彩な文化の影響を受けたアゼルバイジャン建築を代表する15世紀のシルヴァンシャーの宮殿など歴史的建築物が数多く残っている。2000年11月の大地震による損壊、都市開発、圧力、保護政策の欠如によって、2003年に危機遺産になったが、2009年の第33回世界遺産委員会セビリア会議で、アゼルバイジャン当局の修復努力、管理改善が認められ、危機遺産リストから解除された。

分類	建造物群
物件所在地	アプシェロン半島
備考	危機遺産になった経歴がある。
参考URL	ユネスコ世界遺産センター　http://whc.unesco.org/en/list/958

世界遺産ガイドーコーカサス諸国編ー

乙女の塔

アゼルバイジャンの世界遺産

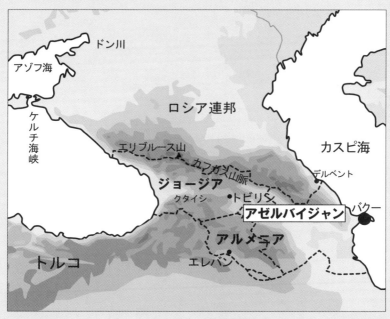

北緯40度20分　東経49度49分

シンクタンクせとうち総合研究機構

ゴブスタンの岩石画の文化的景観

英語名	Gobustan Rock Art Cultural Landscape
遺産種別	文化遺産
登録基準	(iii) 現存する、または、消滅した文化的伝統、または、文明の、唯一の、または、少なくとも稀な証拠となるもの。
登録年月	2007年7月 (第31回世界遺産委員会クライスト・チャーチ会議)
登録遺産の面積	537.22ha　バッファー・ゾーン　3,096.34ha

登録遺産の概要　ゴブスタンの岩石画の文化的景観は、アゼルバイジャンの首都バクーから南西へ約60km、アゼルバイジャン中央部の半砂漠に巨岩群が聳え立つ高原の、ガラダフ地区とアプシェロン地区、ジンフィンダシュ山のヤジリテペ丘陵、ベユクダシュ山とキチクダシュ山の3つの地域に展開する。ゴブスタンの岩石画の文化的景観の世界遺産の登録範囲は、核心地域が537ha、緩衝地域が3096haに及び、4000年間にわたって描かれた人物、ヤギや鹿などの野生動物、葦の小舟などの6000の岩石画が集積している。ゴブスタンの岩石画は、1930年代に発見され、ゴブスタン国立公園や特別保護区に指定されているが、石油パイプラインの建設など潜在的な危険にさらされている。

分類	遺跡、文化的景観
物件所在地	ガラダフ地区とアプシェロン地区
構成資産	□ジンフィンダシュ山のヤジリテペ丘陵 　(Jinghindagh mountain-Yazylytepe hill) □ベユクダシュ山 (Boyukdash mountain) □キチクダシュ山 (Kichikdash mountain)
備考	石油パイプラインの建設など潜在的な危険にさらされている。
参考URL	ユネスコ世界遺産センター　http://whc.unesco.org/en/list/1076

世界遺産ガイドーコーカサス諸国編ー

ゴブスタンの岩石画の文化的景観

アゼルバイジャンの世界遺産

北緯40度7分　東経49度22分

シンクタンクせとうち総合研究機構

ジョージアの世界遺産

ムツヘータの歴史的建造物群
写真はムツヘティス・ジワリ（ムツヘタ聖十字聖堂）

ゲラチ修道院

英語名	Gelati Monastery
遺産種別	文化遺産
登録基準	(iv) 人類の歴史上重要な時代を例証する、ある形式の建造物、建築物群、技術の集積、または、景観の顕著な例。
登録年月	1994年12月 （第18回世界遺産委員会プーケット会議） 2017年7月 （第41回世界遺産委員会クラクフ会議）
登録遺産の面積	4.2ha　　バッファー・ゾーン　1,246ha

登録遺産の概要　ゲラチ修道院は、ジョージアの西部、首都クタイシ郊外のイメレティアの丘にあり、1106年にダヴィド王によって創建、12〜17世紀の長期にわたって建設されたキリスト教神学の総本山で、周辺がイスラム教化していく中で正教会の聖地として多くの僧や巡礼者を集めた。聖母マリア聖堂の壁面に描かれた宗教と歴史をテーマにした壮大なモザイク画やフレスコ画が、大変美しい。バグラチ大聖堂とゲラチ修道院は、1994年に世界遺産リストに登録された。バグラチ大聖堂は、ジョージア西部の古都クタイシのウキメリオニの丘の上にある。10〜11世紀の創建で、ジョージア王国の初代国王であったバグラト3世（在位975〜1014年）の名前に因んだものである。オスマン帝国と戦争中であった1692年に破壊、略奪されて荒廃した為、修復・再建が課題であった。バグラチ大聖堂の再建プロジェクトが施行された場合、世界遺産登録時の完全性や真正性を損なうことから、2010年の第34回世界遺産委員会ブラジリア会議で、「危機にさらされている世界遺産リスト」に登録された。イコモスや世界遺産委員会の度重なる警告にも関わらず、鉄やコンクリートなどの素材の多用、デザイン、工法などの真正性を無視した修復・再建が強行された為その価値が失われたと判断、2017年の第41回世界遺産委員会で、バグラチ大聖堂を世界遺産の登録範囲から除外・抹消し登録遺産名も「ゲラチ修道院」に変更し、「危機遺産リスト」から解除した。

分類	モニュメント
物件所在地	イメレティ州トキブリ地区
備考	バグラチ大聖堂の再建プロジェクトが施行された場合、世界遺産登録時の完全性や真正性を損なうことから、2010年の第34回世界遺産委員会ブラジリア会議で、「危機にさらされている世界遺産リスト」に登録された。イコモスや世界遺産委員会の度重なる警告にも関わらず、鉄やコンクリートなどの素材の多用、デザイン、工法などの真正性を無視した修復・再建が強行された為その価値が失われたと判断、2017年の第41回世界遺産委員会で、バグラチ大聖堂を世界遺産の登録範囲から除外・抹消し登録遺産名も「ゲラチ修道院」に変更し、「危機遺産リスト」から解除した。
参考URL	ユネスコ世界遺産センター　http://whc.unesco.org/en/list/710

世界遺産ガイド－コーカサス諸国編－

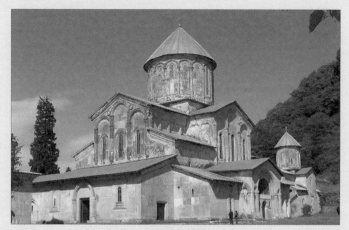

ゲラチ修道院

ジョージアの世界遺産

北緯42度17分　東経42度46分

ムツヘータの歴史的建造物群

英語名	Historical Monuments of Mtskheta
遺産種別	文化遺産
登録基準	(iii) 現存する、または、消滅した文化的伝統、または、文明の、唯一の、または、少なくとも稀な証拠となるもの。 (iv) 人類の歴史上重要な時代を例証する、ある形式の建造物、建築物群、技術の集積、または、景観の顕著な例。
登録年月	1994年12月（第18回世界遺産委員会プーケット会議）
登録遺産の面積	3.85ha　　バッファー・ゾーン　2,382.5ha

登録遺産の概要　ムツヘータは、首都トビリシの北約30km郊外アラグウィ川とムトゥクワリ川が合流するところにある古都。ジョージアの首都は、5世紀頃に、現在のトビリシに遷都されるまでは、ムツヘータにあった。古代からヨーロッパのキリスト教徒の交流が行われ、一方において、ペルシャ、ビザンチン、アラブから支配されてきた。ムツヘータは、4世紀に創建され、その後、再建、破壊、修復され、中世建築の傑作とされるジョージア最古のスベティツホヴェリ聖堂、6〜7世紀に、ムツヘータの町の正面の山頂に建てられた、神聖で美しいジュパリ教会などが残っている。2009年の第33回世界遺産委員会セビリア会議で、これらの重要な建造物群の保護の観点から危機遺産に登録された。世界遺産委員会は、ジョージア政府に、ムツヘータの歴史的建造物群に関する総合管理計画の採択と石造とフレスコ画の深刻な劣化、その他に、教会群の近くでの土地管理と世界遺産登録された建造物群内の真正性の喪失等の問題解決を要請した。2016年の第40回世界遺産委員会イスタンブール会議において、危機遺産から解除された。

分類	モニュメント
物件所在地	ムツヘータ・ムティアネティ州ムツヘータ市
構成資産	□スヴェティツホヴェリ大聖堂（Svetitskhoveli Cathedral） □サムタヴロ教会・修道院（Samtravro church and Monastery） □ムツヘティス・ジワリ（ムツヘータ聖十字聖堂） 　（Mtskhetis Jvari(The church of the Holy Cross-Mtskheta)
備考	スヴェティツホヴェリ大聖堂には、337年にキリスト教を国教化した王ミリアンとその妻ナナの墓がある。
参考URL	ユネスコ世界遺産センター　http://whc.unesco.org/en/list/708

ムツヘティス・ジワリ（ムツヘタ聖十字聖堂）

ジョージアの世界遺産

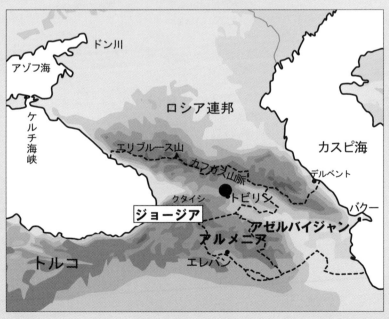

北緯41度50分　東経44度42分

アッパー・スヴァネチ

英語名	**Upper Svaneti**
遺産種別	文化遺産
登録基準	(iv) 人類の歴史上重要な時代を例証する、ある形式の建造物、建築物群、技術の集積、または、景観の顕著な例。 (v) 特に、回復困難な変化の影響下で損傷されやすい状態にある場合における、ある文化(または、複数の文化)或は、環境と人間との相互作用を代表する伝統的集落、または、土地利用の顕著な例。
登録年月	1996年12月 (第20回世界遺産委員会メリダ会議)
登録遺産の面積	1.06ha　　バッファー・ゾーン　19.16ha

登録遺産の概要　アッパー・スヴァネチは、ジョージアの北西部、ロシアとの国境のコーカサス(カフカス)山脈の山麓のザカフカス地方にある。アッパー・スヴァネチは、中世の趣を残す村落の姿と3000m〜5000m級の山々が連なるコーカサス(カフカス)山脈の雄大な自然景観とが融合している。外界から隔絶された山中にある先住民族のスヴァン人が住むチャザシの村には、今でも、独特の形をした200軒以上の伝統的民家が点在する。それらは、古くから、モンゴルなど諸民族の侵略を防御する砦の役目も果たしていた。

分類	建造物群、文化的景観
物件所在地	サメグレロ・ゼモ・スヴァネティ州メスティア地区チャジャシ村など
備考	〇ウシュグリ村は、標高2410mに位置し、ヨーロッパでは最も標高の高い村とされており、村全体が世界遺産になっている。 〇ジョージア最高峰のシュハラ山(標高5201m)もこの地方にある。 〇中心都市のメスティアは、コーカサス山脈へのトレッキングなどの観光拠点になっている。
参考URL	ユネスコ世界遺産センター　http://whc.unesco.org/en/list/709

アッパー・スヴァネチ

ジョージアの世界遺産

北緯42度54分　東経43度0分

アルメニアの世界遺産

ゲガルト修道院とアザト峡谷の上流

ハフパットとサナヒンの修道院

英語名	**Monasteries of Haghpat and Sanahin**
遺産種別	文化遺産
登録基準	(ii) ある期間を通じて、または、ある文化圏において、建築、技術、記念碑的芸術、町並み計画、景観デザインの発展に関し、人類の価値の重要な交流を示すもの。 (iv) 人類の歴史上重要な時代を例証する、ある形式の建造物、建築物群、技術の集積、または、景観の顕著な例。
登録年月	1996年12月（第20回世界遺産委員会メリダ会議） 2000年12月（第24回世界遺産委員会ケアンズ会議）
登録遺産の面積	2.65ha　　バッファー・ゾーン　23.8ha

登録遺産の概要　ハフパットは、キリスト教を世界で最初に国教としたアルメニア北部のロリ地方にある。991年に、アショット1世の命によって、アルメニア産の火山岩で建てられたビザンチン様式の聖十字架教会、13世紀までに、聖十字架教会の周辺に建てられたカフカス地方特有のコーカサス様式の木造建築物がある。この2種類の建物は、見事なまでの独特の調和を誇り、10～13世紀のアルメニアの教会建築や宗教芸術を具象化した代表的な複合建築物で、西洋のゴシック様式にも大きな影響を与えた。地震による倒壊やモンゴル軍の襲撃で何度も被害を被ったが、修復されてきた。2000年にサナヒンの修道院が追加登録された。

分類	建造物群
物件所在地	ロリ地方ハフパット村、サナヒン村
構成資産	□ハフパット修道院(Monastery of Haghpat) □サナヒン修道院(Monastery of Sanahin) □サナヒン橋 (Sanahin Bridge)
備考	地震による倒壊やモンゴル軍の襲撃で何度も被害を被ったが、修復されてきた。
参考URL	ユネスコ世界遺産センター　http://whc.unesco.org/en/list/777

ハフパット修道院

北緯41度5分　東経44度42分

アルメニアの世界遺産

ゲガルド修道院とアザト峡谷の上流

英語名	Monastery of Geghard and the Upper Azat Valley
遺産種別	文化遺産
登録基準	(ii) ある期間を通じて、または、ある文化圏において、建築、技術、記念碑的芸術、町並み計画、景観デザインの発展に関し、人類の価値の重要な交流を示すもの。
登録年月	2000年12月（第24回世界遺産委員会ケアンズ会議）
登録遺産の面積	2.7ha　　バッファー・ゾーン　40ha

登録遺産の概要　ゲガルト修道院とアザト峡谷の上流は、アルメニアの中部、コタイク地方のゴフ村の近くにある。ゲガルト（ギガルド）は、キリストの脇腹を突いた聖槍の一部がここで発見されたことに因んで、「槍」を意味するアルメニア語である。最初の修道院は、4世紀に建立、9世紀にアラブ勢力によって破壊されたが、13世紀に再建された。ゲガルト修道院は、主聖堂は屋外にあるが、その他の教会堂、食堂等の部屋は、岩山を上から掘り抜いた洞窟内につくられたので、洞窟修道院（アイリヴァンク）とも呼ばれる。ゲガルト修道院には、教会と墓地が多数あり、13世紀の中世アルメニア建築の最盛期を物語っている。美しい自然が豊かなアザト川上流のアザト峡谷の絶壁に塔の様な中世建築物が聳え立っている景観が印象的である。ゲガルト修道院は、アルメニアのキリスト教徒の巡礼地の一つでもある。

分類	建造物群
物件所在地	コタイク地方ゴフ村
保護管理	1998 Law on the Protection and Utilization of the Immovable Historical and Cultural Monuments and Historical Sites
備考	○ゲガルト（ギガルド）修道院は、アルメニアでも古い歴史を持つ修道院。 ○アルメニアでは、301年にキリスト教が世界ではじめて国教化された。
参考URL	ユネスコ世界遺産センター　http://whc.unesco.org/en/list/960

世界遺産ガイド－コーカサス諸国編－

ゲガルト修道院の中央聖堂など

アルメニアの世界遺産

北緯40度9分　東経44度47分

シンクタンクせとうち総合研究機構

エチミアジンの聖堂と教会群およびスヴァルトノツの考古学遺跡

英語名	Cathedral and Churches of Echmiatsin and the Archaeological Site of Zvartnots
遺産種別	文化遺産
登録基準	(ii) ある期間を通じて、または、ある文化圏において、建築、技術、記念碑的芸術、町並み計画、景観デザインの発展に関し、人類の価値の重要な交流を示すもの。 (iii) 現存する、または、消滅した文化的伝統、または、文明の、唯一の、または、少なくとも稀な証拠となるもの。
登録年月	2000年12月（第24回世界遺産委員会ケアンズ会議）
登録遺産の面積	74.3ha

登録遺産の概要 エチミアジンの聖堂と教会群およびスヴァルトノツの考古学遺跡は、アルメニアの中西部、アルマヴィル地方にある。エチミアジンの聖堂は、アルメニア正教の本山として知られ、アルメニア風の中央ドーム、十字廊形の教会が発達し花開いた歴史を目の当たりに見せてくれる。エチミアジンの聖堂や、7世紀半ばに建設されたスヴァルトノツ聖堂などの建造物は、この地方の建築と芸術の発展に大きな影響を及ぼした。

分類	建造物群
物件所在地	アルマヴィル地方
構成資産	□エチミアジン大聖堂と周辺の建設物群 　(Mother Cathedral of Echmiatsin and surrounding constructions) □聖ガヤネ教会と周辺の建造物群 　(Church Saint Gayaneh and surrounding buildings □Cemetery of Congregation □聖フリプシメ教会と聖ショガカット教会part I 　(Saint Hripsimeh Church and St. Shoghakat Church - part I) □聖フリプシメ教会と聖ショガカット教会- partII 　(Saint Hripsimeh Church and St. Shoghakat Church - part II) □寺院跡や王宮跡などを含むスヴァルトノツの考古学遺跡 　(Archaeological site of Zvartnots with ruins of the Temple, 　the Royal Palace, and other constructions)
備考	エチミアジン大聖堂は、アルメニア教会の総主教座である。
参考URL	ユネスコ世界遺産センター　http://whc.unesco.org/en/list/1011

世界遺産ガイド－コーカサス諸国編－

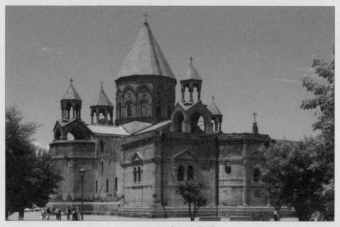

エチミアジン大聖堂

北緯40度9分　東経44度17分

アルメニアの世界遺産

シンクタンクせとうち総合研究機構

コーカサス諸国の世界無形文化遺産

チョヴガン、伝統的なカラバフ馬に乗ってのゲーム
（アゼルバイジャン）

世界遺産ガイド－コーカサス諸国編－

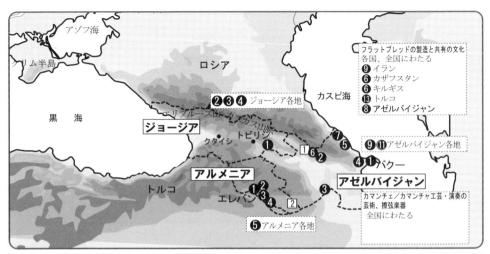

アゼルバイジャン共和国　Republic of Azerbaijan

首都　バクー
代表リストへの登録数　11
緊急保護リストへの登録数　2
条約締約年　2007年

コーカサス諸国の世界無形文化遺産

❶ アゼルバイジャンのムガーム
（Azerbaijani Mugham）
2008年　← 2003年第2回傑作宣言

❷ アゼルバイジャンのアシュクの芸術
（The art of Azerbaijani Ashiqs）　2009年

❸ ノヴルーズ（Novruz）
若干の呼称の違いはあるが、アゼルバイジャン／インド／イラン／キルギス／ウズベキスタン／パキスタン／トルコ／イラク／アフガニスタン／カザフスタン／タジキスタン／トルクメニスタンとの共同登録　2009年＊／2016年

＊ 2009年にアゼルバイジャンなど7か国で登録、2016年にアフガニスタン、イラク、カザフスタン、タジキスタン、トルクメニスタンを加え、12か国で新規登録となった。

❹ アゼルバイジャンの絨毯
（The Azerbaijani carpet）　2010年

❺ タール、首長弦楽器の工芸と演奏の芸術
（Craftsmanship and performance art of the Tar, a long-necked string musical instrument）　2012年

❻ クラガイの伝統芸術と象徴主義、女性の絹のヘッドスカーフの製造と着用
（Traditional art and symbolism of Kelaghayi, making and wearing women's silk headscarves）
2014年

❼ ラヒジの銅の技能
（Copper craftsmanship of Lahij）　2015年

❽ フラットブレッドの製造と共有の文化：ラヴァシュ、カトリマ、ジュプカ、ユフカ
（Flatbread making and sharing culture: Lavash, Katyrma, Jupka, Yufka）
アゼルバイジャン／イラン／カザフスタン／キルギス／トルコ　2016年

❾ 伝統をつくり分かち合うドルマ、文化的なアイデンティティの印
（Dolma making and sharing tradition, a marker of cultural identity）　2017年

❿ カマンチェ／カマンチャ工芸・演奏の芸術、擦弦楽器
（Art of crafting and playing with Kamantcheh/Kamancha, a bowed string musical instrument）
アゼルバイジャン／イラン　2017年

⓫ デデ・クォルクード／コルキト・アタ／デデ・コルクトの遺産、叙事詩文化、民話、民謡
（Heritage of Dede Qorqud/Korkyt Ata/Dede Korkut, epic culture, folk tales and music）
アゼルバイジャン・カザフスタン・トルコ
2018年

＊緊急保護リストに登録されている無形文化遺産

1 チョヴガン、伝統的なカラバフ馬に乗ってのゲーム
（Chovqan, a traditional Karabakh horse-riding game）　2013年　★【緊急保護】

2 ヤッル（コチャリ、タンゼラ）、ナヒチェヴァンの伝統的な集団舞踊
（Yalli (Kochari, Tenzere), traditional group dances of Nakhchivan）　2018年　★【緊急保護】

ジョージア
Georgia
首都　トビリシ
代表リストへの登録数　4
条約締約年　2008年

❶ ジョージアの多声合唱
　（Georgian polyphonic singing）
　2008年 ← 2001年第1回傑作宣言
❷ 古代ジョージアの伝統的なクヴェヴリ・ワインの製造方法
　（Ancient Georgian traditional Qvevri wine-making method）
　2013年
❸ 三書体のジョージア文字の生活文化
　（Living culture of three writing systems of the Georgian alphabet）
　2016年
❹ チタオバ、ジョージアのレスリング
　（Chidaoba, wrestling in Georgia）
　2018年

アルメニア共和国
Republic of Armenia　　　首都　エレバン
代表リストへの登録数　5
条約締約年　2006年

❶ ドゥドゥクとその音楽（Duduk and its music）
　2008年 ← 2005年第3回傑作宣言
❷ ハチュカルの象徴性と工芸技術、アルメニアの十字架石
　（Symbolism and craftsmanship of Khachkars,
　Armenian cross-stones）　2010年
❸ アルメニアの叙事詩「サスン家のダヴィド」の上演
　（Performance of the Armenian epic of 'Daredevils
　of Sassoun' or 'David of Sassoun'）
　2012年
❹ ラヴァッシュ、アルメニアの文化的表現としての伝統的なアルメニア・パンの準備、意味、外見
　（Lavash, the preparation, meaning and appearance of traditional Armenian bread as an expression of
　　culture in Armenia）
　2014年
❺ コチャリ、伝統的な集団ダンス
　（Kochari, traditional group dance）
　2017年

コーカサス諸国の世界無形文化遺産

ヤッル（コチャリ、タンゼラ）、ナヒチェヴァンの伝統的な集団舞踊

準拠 無形文化遺産の保護に関する条約（略称：無形文化遺産保護条約）

目的 グローバル化により失われつつある多様な文化を守る為、無形文化遺産尊重の意識を向上させ、その保護に関する国際協力を促進する。

登録遺産名 Yalli (Kochari, Tenzere), traditional group dances of Nakhchivan

緊急に保護する必要がある無形文化遺産のリスト（略称：「緊急保護リスト」）への登録年 2018年

登録遺産の概要 ヤッル（コチャリ、タンゼラ）、ナヒチェヴァンの伝統的な集団舞踊は、アゼルバイジャンの南西部、アゼルバイジャンの飛地であるナヒチェヴァン自治共和国の祭事や祝祭などで行われている。一般的に、ヤッルは、円、鎖或は線で演じられ、ゲーム、パントマイム（鳥、或は 他の動物のまね）、運動の要素を含み男女で行われる。ナヒチェヴァン自治共和国は、1991年までは、ナヒチェヴァン自治ソビエト社会主義共和国としてアゼルバイジャン・ソビエト社会主義共和国の一部だった。1980年代後期～1990年代初期の経済危機、移住など社会環境の変化でヤッルの社会的な役割の低下などから継承が危ぶまれ「緊急保護リスト」に登録された。

分類 口承及び表現（伝達手段としての言語を含む）、芸能、社会的慣習、儀式及び祭礼行事 自然及び万物に関する知識及び慣習

地域 アゼルバイジャン・ナヒチェヴァン自治共和国

登録基準 次のU.1～U.6までの6つの基準を全て満たす。

- U.1 要素は、条約第2条で定義された無形文化遺産を構成すること。
- U.2 a 要素は、関係するコミュニティー、集団、或は、場合によっては、個人及び締約国の努力にもかかわらず、その存続が危機にさらされている為、緊急の保護の必要があること。
  b 要素は、即時の保護なしでは存続が期待できない終末的な脅威に直面している為、喫緊の保護の必要があること。
- U.3 要素を保護し促進する保護措置が図られていること。
- U.4 要素は、関係するコミュニティー、集団、或は、場合によっては、個人の可能な限り幅広い参加、そして、彼らの自由な、事前説明を受けた上での同意をもって申請されたものであること。
- U.5 要素は、条約第11条と第12条で定義された、締約国の領域内にある無形文化遺産の提出目録に含まれていること。
- U.6 喫緊の場合には、関係締約国は、条約第17条3項に則り、要素の登録について、正式に協議を受けていること。

参考URL https://ich.unesco.org/en/USL/yalli-kochari-tenzere-traditional-group-dances-of-nakhchivan-01190

ヤッル（コチャリ、タンゼラ）、ナヒチェヴァンの伝統的な集団舞踊

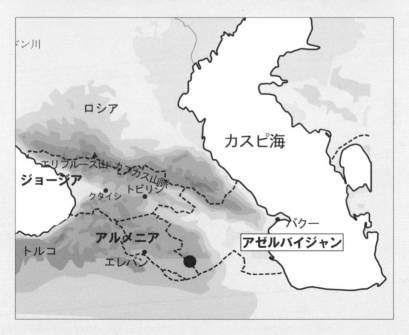

コーカサス諸国の世界無形文化遺産

アゼルバイジャンの絨毯

準拠	無形文化遺産の保護に関する条約（略称：無形文化遺産保護条約）
目的	グローバル化により失われつつある多様な文化を守る為、無形文化遺産尊重の意識を向上させ、その保護に関する国際協力を促進する。

登録遺産名　The Azerbaijani carpet

人類の無形文化遺産の代表的なリスト（略称：代表リスト）への登録年　2010年

登録遺産の概要　アゼルバイジャンの絨毯は、バクー、グバ、シルヴァン、ギャンザ、ガザフ、カラバフの各地方の流れをくむ伝統的な手芸の織物である。アゼルバイジャンの絨毯は、水平または垂直方向の多色で、羊毛、綿、天然染料での着色絹糸を用いて織機で織られ、広く家庭用の家具や装飾用に、特殊な絨毯は、結婚式、子供の誕生、葬式、医療用の不織布として使用される。アゼルバイジャンの絨毯織りの特徴として、地方で作られた絨毯が独自の芸術性を持っており、大きく変わらないまま、先祖代々伝えられていることや、同じ種類の絨毯がいつも特定の地方でだけ作られているなどの事実があげられる。今でもアゼルバイジャンでは、数世紀にもわたって、150種類もの絨毯作品が製作されている。1967年に、絨毯では世界初となるバクー国立絨毯応用工芸博物館が設立されている。

分類　口承及び表現（伝達手段としての言語を含む）、芸能、社会的慣習、儀式及び祭礼行事
　　　　自然及び万物に関する知識及び慣習

地域　バクー、グバ、シルヴァン、ギャンザ、ガザフ、カラバフの各地方

登録基準　「代表リスト」への登録申請にあたっては、次のR.1～R.5までの5つの基準を
　　　　　　全て満たさなければならない。

R.1　要素は、条約第2条で定義された無形文化遺産を構成すること。
R.2　要素の登録は、無形文化遺産の認知と重要性の意識の向上が確保され、世界の文化の
　　　多様性を反映し、人類の創造性を示す対話が奨励されること。
R.3　要素を保護し促進する保護措置が図られていること。
R.4　要素は、関係するコミュニティー、集団、或は、場合によっては、個人の可能な限り
　　　幅広い参加、そして、彼らの自由な、事前説明を受けた上での同意をもって申請された
　　　ものであること。
R.5　要素は、条約第11条と第12条で定義された、締約国の領域内にある無形文化遺産の提出
　　　目録に含まれていること。

参考URL　https://ich.unesco.org/en/RL/traditional-art-of-azerbaijani-carpet-weaving-in-the-republic-of-azerbaijan-00389

世界遺産ガイドーコーカサス諸国編一

アゼルバイジャンの絨毯

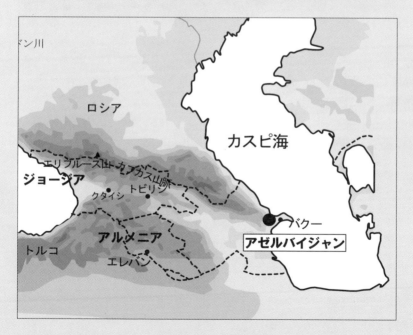

コーカサス諸国の世界無形文化遺産

古代ジョージアの伝統的なクヴェヴリ・ワインの製造方法

準拠	無形文化遺産の保護に関する条約（略称：無形文化遺産保護条約）
目的	グローバル化により失われつつある多様な文化を守る為、無形文化遺産尊重の意識を向上させ、その保護に関する国際協力を促進する。
登録遺産名	Ancient Georgian traditional Qvevri wine-making method

人類の無形文化遺産の代表的なリスト（略称：代表リスト）への登録年 2013年

登録遺産の概要 古代ジョージアの伝統的なクヴェヴリ・ワインの製造方法は、ジョージアで紀元前8000年頃から受け継がれてきた「クヴェヴリ」と呼ばれる大型の卵の形をした土の壺を使用する。クヴェヴリ・ワインは、内側がオーガニックの蜂蜜でコーティングされたクヴェヴリを地中に埋め、その中でコーカサス山脈の豊かな湧水で育った多品種のブドウを発酵させる。クヴェヴリ・ワインは、芳醇で健康にも良いワインで、現在もその手づくりの製法の知恵と経験が、家族、隣人、友人などを通じて受け継がれている。クヴェヴリ・ワインの製造の伝統は、地域社会のライフスタイルや文化のアイデンティティそのものであり、ジョージアの伝承や民謡にも、しばしば登場する。

分類 口承及び表現（伝達手段としての言語を含む）、芸能、社会的慣習、儀式及び祭礼行事
自然及び万物に関する知識及び慣習

地域 ジョージアの全地域

登録基準 「代表リスト」への登録申請にあたっては、次のR.1～R.5までの5つの基準を
　　　　　 全て満たさなければならない。

R.1　要素は、条約第2条で定義された無形文化遺産を構成すること。
R.2　要素の登録は、無形文化遺産の認知と重要性の意識の向上が確保され、世界の文化の
　　 多様性を反映し、人類の創造性を示す対話が奨励されること。
R.3　要素を保護し促進する保護措置が図られていること。
R.4　要素は、関係するコミュニティー、集団、或は、場合によっては、個人の可能な限り
　　 幅広い参加、そして、彼らの自由な、事前説明を受けた上での同意をもって申請された
　　 ものであること。
R.5　要素は、条約第11条と第12条で定義された、締約国の領域内にある無形文化遺産の提出
　　 目録に含まれていること。

参考URL　https://ich.unesco.org/en/RL/ancient-georgian-traditional-qvevri-wine-making-method-00870

古代ジョージアの伝統的なクヴェヴリ・ワインの製造方法

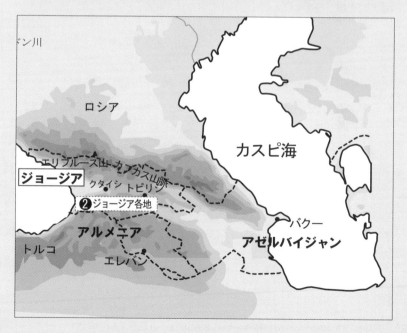

コーカサス諸国の世界無形文化遺産

コチャリ、伝統的な集団ダンス

準拠 無形文化遺産の保護に関する条約（略称：無形文化遺産保護条約）

目的 グローバル化により失われつつある多様な文化を守る為、無形文化遺産尊重の意識を向上させ、その保護に関する国際協力を促進する。

登録遺産名 Kochari, traditional group dance

人類の無形文化遺産の代表的なリスト（略称：代表リスト）への登録年 2017年

登録遺産の概要 コチャリ、伝統的な集団ダンスは、アルメニアの都会や田舎を問わず、あらゆる地域社会で行われているラインダンスである。アルメニアの西部のアラガツォトゥン地方のアシュタラクなどのコミュニティ、北東部のタヴシュ地方のイジェヴァン、ディリジャン、ベルドなどのコミュニティ、首都のエレバンなどである。コチャリは、祝日、お祭り、家族の儀式、社会のイベントでよく踊られる。すべての参加者、年齢、男女、或は、社会的地位にかかわらず、すべての参加者にとって開放的である。コチャリは、アイデンティティの共有と連帯、歴史、文化、民族の記憶の連続性、全年齢の地域社会のメンバー間の相互尊重に貢献している。

分類 口承及び表現（伝達手段としての言語を含む）、芸能、社会的慣習、儀式及び祭礼行事　自然及び万物に関する知識及び慣習

地域 アラガツォトゥン地方アシュタラク
タヴシュ地方イジェヴァン、ディリジャン、ベルド
首都のエレバンなど。

登録基準 「代表リスト」への登録申請にあたっては、次のR.1～R.5までの5つの基準を全て満たさなければならない。

R.1 要素は、条約第2条で定義された無形文化遺産を構成すること。
R.2 要素の登録は、無形文化遺産の認知と重要性の意識の向上が確保され、世界の文化の多様性を反映し、人類の創造性を示す対話が奨励されること。
R.3 要素を保護し促進する保護措置が図られていること。
R.4 要素は、関係するコミュニティー、集団、或は、場合によっては、個人の可能な限り幅広い参加、そして、彼らの自由な、事前説明を受けた上での同意をもって申請されたものであること。
R.5 要素は、条約第11条と第12条で定義された、締約国の領域内にある無形文化遺産の提出目録に含まれていること。

参考URL https://ich.unesco.org/en/RL/kochari-traditional-group-dance-01295

世界遺産ガイド－コーカサス諸国編－

コチャリ、伝統的な集団ダンス

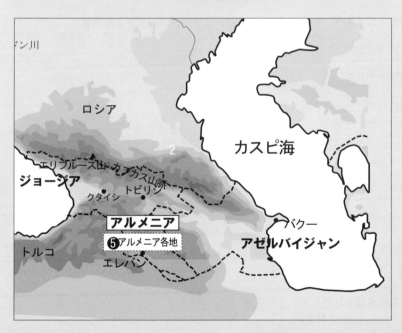

コーカサス諸国の世界無形文化遺産

コーカサス諸国のその他の世界無形文化遺産

アゼルバイジャン共和国

＜緊急保護リスト＞

1 チョヴガン、伝統的なカラバフ馬に乗ってのゲーム
（Chovqan, a traditional Karabakh horse-riding game）

チョヴガン、伝統的なカラバフ馬に乗ってのゲームは、歴史的にも古くから行われてきた国民的な伝統スポーツで、コーカサス山脈の南部、アゼルバイジャン西部のカラバフ地方で育ったカラバフ馬に乗って行われる。現在は、アゼルバイジャンの西部、北西部、中部、東部地方の諸都市で行われており、なかでも、ギャンジャ・ガザフ地域のギャンジャ、シャキ・ザカタラ地域のシャキ、それに、首都のバクーで盛んである。チョヴガンは、平らな草原で、カラバフ馬にまたがり、長さが1.5mのチョヴガンと呼ばれる木製のスティックを持った騎手がチームを組み、皮或は木でできた小さなボールを、半径6m、幅3mの相手のゴールに入れた数で勝敗を競うゲームである。騎手やトレーナーは、乗馬に熟達した地方の農夫で、さながら遊牧文化の馬に乗った羊飼いを思い起こさせる。彼らは、伝統的に、大きなアストラカン織の帽子、長いコート、特有のズボン、靴下、靴で、身を包む。チョヴガンのゲーム時間は、前半と後半の各15分間、合計30分間で、各ハーフの合間の10分間の休憩時間には、ジャンギと呼ばれる楽器でのフォーク音楽が競技を盛り上げる。チョヴガンの特有のルール、スキル、技術は、伝統的に、経験を積んだ騎手から初心者に継承されるが、若者の間での人気が失せていること、また、都市化や移住など社会環境の変化で、騎手、トレーナー、カラバフ馬が不足しており、存続が危ぶまれている。　2013年

2 ヤッル（コチャリ、タンゼラ）、ナヒチェヴァンの伝統的な集団舞踊
（Yalli (Kochari, Tenzere), traditional group dances of Nakhchivan）　2018年
92〜93頁を参照。

＜代表リスト＞

❶ アゼルバイジャンのムガーム
（Azerbaijani Mugham）

アゼルバイジャンのムガームは、カフカス山脈の南、カスピ海の西南岸にあるアゼルバイジャンの伝統音楽。ムガームは、基本的には、アゼルバイジャンの都市を基盤とした芸術であるが、田舎のメロディー、リズム、演奏技術を引き寄せ、広域的に聞くことができる。アゼルバイジャンのムガームは、ペルシャ起源の音楽体系であるムガームにルーツを持つ音楽形式であり、コーカサス人と中央アジアのチュルク系民族の間で敬愛されている。ムガームのアンサンブルでは、通常、バイオリンの音色に似た弦楽器のケマンチェ、リュートに似た弦楽器のタールなどの楽器が使われる。ヨーロッパの古典音楽とは異なり、本来、楽譜はなく、マスターが多くの部分を個人的に学生に伝承する。この音楽の現代版は、アゼルバイジャンの複雑な歴史、特に、ペルシャ、アルメニア、ジョージア、それにトルコとの交流の歴史を反映している。
2008年　← 2003年第2回傑作宣言

❷ アゼルバイジャンのアシュクの芸術
（Art of Azerbaijiani Ashiqs）

アゼルバイジャンのアシュクの芸術は、コーカサス地方で広く演じられている伝統的な芸能である。アシュクとは、サズ、或は、コブズなどを手に語り物を聞かせる吟遊詩人のことで、詩、物語、舞踊、声楽と楽器とを組み合わせて演じる。アシュクの芸術は、アゼルバイジャン文化のシンボルとして立脚している。　2009年

❸ノヴルーズ（Novruz）

国によって若干の呼称の違いはあるが、ナウルーズ、ノヴルーズ、ノウルーズ、ナウルズ、ノールーズ、ノウルズ、ナヴルズ、ネヴルズ、ナヴルーズは、地理的に広大な地域を横断する新年および春の始まりを告げる祝祭行事で、ゾロアスター教の祭事に起源を持つ。天文学の計算に基づいて決められた毎年3月21日に行われ、日本の「春分の日」のようなお祭りである。2009年にアゼルバイジャン、インド、イラン、キルギス、ウズベキスタン、パキスタン、トルコの7か国で共同登録されたが、2016年、イラク、アフガニスタン、カザフスタン、タジキスタン、トルクメニスタンの5か国を登録対象国に加え、12か国での登録となった。

アフガニスタン／アゼルバイジャン／インド／イラン／イラク／カザフスタン／キルギス／パキスタン／タジキスタン／トルコ／トルクメニスタン／ウズベキスタン
2009年／2016年

❹アゼルバイジャンの絨毯

（The Azerbaijani carpet）　2010年
94～95頁を参照。

❺タール、首長弦楽器の工芸と演奏の芸術

（Craftsmanship and performance art of the Tar, a long-necked string musical instrument）
タール、首長弦楽器の工芸と演奏の芸術は、アゼルバイジャンなどのカフカス地方で見られる長いネックのリュート属の楽器。タールとはペルシア語で弦を意味し、18世紀中頃に現在の形になったといわれている。桑の木を切り分けて2つの椀をあわせた型をしており、表面は羊の皮を伸ばした薄い膜で覆われている。25～28のフレットと複弦で、3コースが張られ、真鍮のピックで演奏される。タールの演奏は、結婚式、社会的な会合、祭り、コンサートなどの機会に演奏される。タールの工芸技術は、家族などの徒弟に、演奏技術は、コミュニティの若者に継承される。
2012年

❻クラガイの伝統芸術と象徴主義、女性の絹のヘッドスカーフの製造と着用

（Traditional art and symbolism of Kelaghayi, making and wearing women's silk headscarves）
クラガイの伝統芸術と象徴主義、女性の絹のヘッドスカーフの製造と着用は、アゼルバイジャンの北西部、首都バクーから約325km、イスマイル県のシャキ市とバスガル村で、何世紀にもわたって製造され、伝統的に保護されており、首都バクーをはじめアゼルバイジャンの全ての地域の女性が、着用しているほか、イラン、ジョージア、トルクメニスタン、トルコ、ウズベキスタンでも愛用されている。クラガイの芸術、知識、伝統は、外国に住むアゼルバイジャン語を話す人々にとって、彼らの文化のルーツのシンボルとなっている。ヘッドスカーフの製造と着用の伝統的な慣習は、文化的なアイデンティティと宗教的な伝統の表現であると共に社会的な団結のシンボルであり、女性の役割を強固にし、アゼルバイジャン社会の文化的な結束を強いものにしている。
2014年

❼ラヒジの銅の技能

（Copper craftsmanship of Lahij）
ラヒジの銅の技能は、アゼルバイジャンの北東部、南コーカサス地方のイスマイル県のラヒジの伝統工芸技術。ラヒジの銅の技能は、銅器を造り使用する伝統的な慣習である。銅の精錬士は、銅を準備し、鋳型に注入する。技術者は、彼らの環境を代表し伝統的な知識や価値を反映するデザインの皿を彫刻する。アゼルバイジャンの人々は、日常的な使用の為に銅器を購入する。ラヒジの銅の技能は、父から息子へ と継承され、ラヒジの人々の誇りである。
2015年

❽フラットブレッドの製造と共有の文化：ラヴァシュ、カトリマ、ジュプカ、ユフカ
（Flatbread making and sharing culture: Lavash, Katyrma, Jupka, Yufka）
フラットブレッドの製造と共有の文化は、アゼルバイジャン、イラン、カザフスタン、キルギス、トルコなど西アジアやコーカサス地域で広く行われている伝統である。ラヴァシュ、カトリマ、ジュプカ、ユフカとよばれる平たい丸形のパンは、小麦を少なくとも3人によって棒や手で薄くのばして作る。それは、結婚式、誕生日、葬儀、祝日や祈りの日などに作られ、石窯などで焼く。普通は家族ぐるみで作られるが、田舎では、近所の人も一緒に参加する。
アゼルバイジャン／イラン／カザフスタン／キルギス／トルコ　2016年

❾伝統をつくり分かち合うドルマ、文化的なアイデンティティの印
（Dolma making and sharing tradition, a marker of cultural identity）
伝統をつくり分かち合うドルマは、首都のバクーをはじめ、気候、環境、植生、農業の違いはあっても、アゼルバイジャンのすべての地域で多様なドルマの伝統が見られる。「ドルマ」とは、もともと、トルコ語の「ドンドゥルマ」（「凍らせたもの」の意味）を短縮した言葉で、アゼルバイジャン語で「詰める」或は「包む」という意味である。挽肉、バジル、タマネギ、トマト、米、豆、香辛料などを、茹でて柔らかくしたキャベツ、ブドウの葉、ナス、パプリカなどで包んだ小さな詰め物を、じっくりと煮込む。すべての地域のドルマは、文化や宗教の休日、結婚式、家族の祝福など中心的な料理として地域社会に認識されている。それに、ドルマに似た慣習、或は、同じ名前のものが、コーカサス、バルカン、マグレブ、中東など異なる国々の部族の伝統的な料理のなかにもある。　2017年

❿カマンチェ／カマンチャ工芸・演奏の芸術、擦弦楽器（Art of crafting and playing with Kamantcheh/Kamancha, a bowed string musical instrument）
カマンチェ／カマンチャ工芸・演奏の芸術、擦弦楽器は、イランでは、首都のテヘランをはじめ西部のロレスタン州で製作され、各地で演奏されてきた。アゼルバイジャンでは、首都のバクーをはじめナヒチェヴァン、ギャンジャ、シェキ、グバ、レンキャランなどの地域で1000年以上にもわたって続いてきた。「カマンチェ」とは、ペルシア語の「小さな弓」から派生した名で、西アジアの種々の弓奏楽器を意味する。イランでは、椀形の胴に薄い皮を張った胡弓、長い棹の先についている細い鉄棒が胴を貫いて突き出しており、奏者はこの脚で楽器が自在に向きを変えるように支え、馬の毛をゆるく張った弓で演奏する。一方、アゼルバイジャンに伝わる伝統音楽は、即興的な要素を重んじ、吟遊詩人を起源としたメロディ、リズムが採り入れられており、演奏技術も非常に高度である。この民族音楽ではタールという柄の長い11弦のリュートと「カマンチャ」と呼ばれる4弦のバイオリン状の楽器、そしてゴブレットの形をした太鼓トンバクを用い、非常に落ち着いたサウンドを紡ぐ。
イラン／アゼルバイジャン　2017年

⓫デデ・クォルクード／コルキト・アタ／デデ・コルクトの遺産、叙事詩文化、民話、民謡
（Heritage of Dede Qorqud/Korkyt Ata/Dede Korkut, epic culture, folk tales and music）
デデ・クォルクード／コルキト・アタ／デデ・コルクトの遺産、叙事詩文化、民話、民謡は、アゼルバイジャンの東部、首都バクーなど国内のすべての地域　カザフスタンの南西部、クズロルダ州、トルコの北東部、カルス県、トラブゾン県など複数国の複数地域にまたがる地域にトルコ系オグズ人の伝説的な吟遊詩人によって残された12人の英雄の伝説、物語、13の作曲など伝統的な遺産で、口述、舞台芸術、作曲などを通じて、世代を超えて継承されている。
アゼルバイジャン／カザフスタン／トルコ
2018年

ジョージア

<代表リスト>

❶ジョージアの多声合唱
（Georgian polyphonic singing）
ジョージアの多声合唱は、12世紀から14世紀のジョージア・ルネッサンスの時代に発展したといわれる。ジョージアン・ポリフォニーは、男性2人のソリストと男性多声合唱隊から構成され、ビザンチン聖歌にも似て清らかで澄みきった女性的な響きが特徴。なかでも、チャクルロは、隠喩と複雑な技巧を使う多声歌で、8世紀頃に地方で発展したワイン崇拝と葡萄文化に関連している。ジョージアの多声合唱は、大変複雑な歌声のハーモニーを奏で、多くの聴衆を魅了している。
2008年 ← 2001年第1回傑作宣言

❷古代ジョージアの伝統的なクヴェヴリ・ワインの製造方法
（Ancient Georgian traditional Qvevri wine-making method） 2013年
96～97頁を参照。

❸三書体のジョージア文字の生活文化
（Living culture of three writing systems of the Georgian alphabet）
三書体のジョージア文字の生活文化は、ジョージア国内の教会、修道院、神学的な機関、学校、大学、博物館、図書館などの文化空間で見られる。ジョージア文字は4～5世紀にキリスト教を布教するためにギリシャ文字を参考に作られたといわれている。3つの発達段階を経て、今日も使われている三書体のムルグロヴァニ（丸文字）、ヌスフリ（目録文字、書写文字）、ムヘドルリ（戦士文字、騎士文字）を生み出した。ムルグロヴァニは、少なくとも5世紀には成立していた最古の形態で、直線と円弧の組み合わせで描かれていることが特徴である。9世紀になるとヌスフリと呼ばれる文字が現れ、ムルグロヴァニ文字と共に主にジョージア正教会の教会関係で用いられている。11世紀になるとムヘドルリ文字が現れ、現在に至るまで使われている。「ジョージア国立公文書館に保存されている最古の手書き文書」は、2015年に世界記憶遺産に登録されている。
2016年

❹チダオバ、ジョージアのレスリング
（Chidaoba, wrestling in Georgia）
チダオバは、ジョージアの全ての地域、村、コミュニティで行われている男性による伝統的な武術であるレスリングである。20世紀の最初に、諸都市、特に首都トビリシは、グルジアのレスリングの中心になった。チダオバの技の概要とチャンピオンの為の規約は古代ジョージアの文書の記録にも残されている。チダオバは、レスリング、音楽、ダンスの要素が一緒になって、ジョージアの社会・文化生活で何世紀にもわたって重要な役割を果たし国内で人気を博している。チダオバの試合は5分間続くが、その間、伝統的なハイ・ネックの紡毛のコートを着たレスラーは、多様な技を使って相手を攻め、勝者は、ポイント数で決められる。
2018年

アルメニア共和国

<代表リスト>

❶ドゥドゥクとその音楽（Duduk and its music）
ドゥドゥクとその音楽は、紀元前95～55年のアルメニアのティグラン大王の時代を起源とするアルメニアの木管楽器の伝統芸能である。ドゥドゥクは、アンズの木からつくられる、暖かく、柔らかい鼻音の音色の楽器で、大衆的なアルメニアの伝統的な歌や踊り、結婚式や葬式などの社会的行事で伴奏される。ドゥドゥクは、主に2人の音楽家によって演奏され、一人は、主旋律を、もう一人は、メロディーと即興を受け持つ。ドゥドゥクは、長さや音域が異なる主に4つのタイプがある。アルメニアのドゥドゥクの人気は、特にその発祥地である田舎で衰退し、現在では、ドゥドゥクの演奏者は、エレバンに集中している。プロによる舞台演奏は増えているものの、社会的な祭典での演奏の機会は減少している。
2008年　←　2005年第3回傑作宣言

❷ハチュカルの象徴性と工芸技術、アルメニアの十字架石
（Symbolism and craftsmanship of Khachkars, Armenian cross-stones）
ハチュカルの象徴性と工芸技術、アルメニアの十字架石は、アルメニア語でハチュカルと言い、職人が、石に彫刻した野外の石柱の十字架のことで、アルメニア正教独特のものである。ハチュカルの高さは、1.5mで、中程に、装飾された十字架が、残りの部分には、植物の幾何学模様、聖人、動物と一緒に、象徴である永遠の太陽、或は、車輪が彫られている。ハチュカルは、通常、地元産の石を使用し、彫刻刀、金型、シャープペン、ハンマーを使用して彫られる。
2010年

❸アルメニアの叙事詩「サスン家のダヴィド」の上演
（Performance of the Armenian epic of 'Daredevils of Sassoun' or 'David of Sassoun'）
アルメニアの叙事詩「サスン家のダヴィド」の上演は、アルメニアを代表する英雄叙事詩である。アルメニアの歴史に関する伝説や英雄物語を取り入れながら、民間の語り手によって何代にもわたって伝承されてきた。この作品は、「サナサルとバグダサル兄弟」、ダヴィドの父を描く「大ムヘル」、「サスン家のダヴィド」、「小ムヘル」の4部からなる。サスンの地を敵の攻撃から守るアルメニアの人々の戦いをテーマにしたこの叙事詩は、851年に起きたアラブの徴税官に対する農民蜂起を題材にしている。この叙事詩は、1873年に初めて記録され、その後ホヴハンネス・トゥマニヤンなどの多くのアルメニア詩人が、この作品に霊感を得て作品を生み出したといわれ、現在でもアルメニア文化の象徴的存在となっている。　2012年

❹ラヴァッシュ、アルメニアの文化的表現としての伝統的なアルメニア・パンの準備、意味、外見
（Lavash, the preparation, meaning and appearance of traditional Armenian bread as an expression of culture in Armenia）
ラヴァッシュ、アルメニアの文化的表現としての伝統的なアルメニア・パンの準備、意味、外見は、コーカサス地方のアルメニアの全土、なかでも農村地域のアララト、アルマヴィル、シラク、アラガツォトゥン、コタイク、シュニク、ヴァヨツ・ゾルの、北東部のロリ、タヴシュの各地方で普及している。ラヴァッシュは、小麦粉と水で作ったシンプルなパン生地を、麺棒で薄く延ばし、燃料が薪のパン焼き窯の内側に貼り付けて焼く、アルメニア料理には欠かせない伝統的な薄いパンで、その準備は、女性の小グループが行い、努力、調整、経験、特別なスキルを必要とする。ラヴァッシュを焼くグループでの仕事は、家族、コミュニティ、社会的な結束を強くする。　2014年

❺コチャリ、伝統的な集団ダンス
（Kochari, traditional group dance）　2017年
98～99頁を参照。

第8回無形文化遺産委員会バクー会議2013

　2011年のインドネシアの第6回無形文化遺産委員会バリ会議から2年ぶりに無形文化遺産委員会に出席することにした。今年2013年のユネスコの第8回無形文化遺産委員会は、12月2日（月）から7日（土）まで、アゼルバイジャンの首都バクーのJWマリオット・アブシェロンで開催された。

　文化プログラムは、12月1日（日）の夕べと12月8日（日）に予定され、恒例のNGOフォーラムは、委員会の開会の前日の12月1日（日）の午前11時から午後5時まで開催されたが、早めに日本を発ち、トルコのインスタンブール経由で、バクー入りした。

　今年の第8回無形文化遺産委員会の委員国、ビューロー（幹事国）、主な議案、「緊急保護リスト」、「代表リスト」、「ベスト・プラクティス」に登録・選定された無形文化遺産は、次の通りであった。

　いわゆる「世界遺産」の登録審議とは異なり、10月に事前審査を担う補助機関の勧告の評価が、これまでの委員会では、基本的には追認されているので、若干、緊張感には欠け、日本の今年の候補「和食　日本人の伝統的な食文化」も、補助機関のプレゼンから約3～5分、審議の間もなく、あっけない登録決議であった。

＜第8回無形文化遺産委員会の委員国（24か国）＞
アルバニア、◎アゼルバイジャン、ベルギー、○ブラジル、○ブルキナファソ、□中国、チェコ、○エジプト、○ギリシャ、グレナダ、インドネシア、日本、キルギス、ラトヴィア、マダガスカル、モロッコ、ナミビア、ニカラグア、ナイジェリア、ペルー、スペイン、チュニジア、ウガンダ、ウルグアイの24か国である。

＜ビューロー（幹事国）＞

◎議長国　アゼルバイジャン
　　議長　アブールファス・カラーエフ氏（H.E.Mr.Abulfas Garayev）
○副議長国　ギリシャ、ブラジル、中国、ブルキナファソ、エジプト
□ラポルチュール（報告担当国）　中国
　　報告担当者：　チャン・リン氏（Ms.Ling Zhang）

＜第8回無形文化遺産委員会に締約国により提出された書類＞

○10件の定期報告と緊急保護リストに登録されている無形文化遺産1件の報告書
○緊急保護リストへの登録推薦書類12件
○ベスト保護プラクティスの登録に関する2件
○US$25,000以上の財政援助要請1件
○代表リストへの登録推薦書類31件
○19のNGOによって提出された認定の要請

＜緊急保護リスト登録物件＞

　アゼルバイジャン「チョヴガン、伝統的なカラバフ馬に乗ってのゲーム」（Chovqan, a traditional Karabakh horse-riding game）、グアテマラ「パーチの儀式」（Paach ceremony）、モンゴル「モンゴル書道」（Mongolian calligraphy）、ウガンダ「ウガンダ西部のバトロ、バンヨロ、バトゥ

ク、バタグウエンダ、バンヤビンディのエンパーコの伝統」(Empaako tradition of the Batooro, Banyoro, Batuku, Batagwenda and Banyabindi of western Uganda) の4件が登録された。

＜代表リスト登録物件＞

アルジェリア「シディ・アブデル・カデル・ベン・モハメッド（シディ・シェイク）霊廟への年次巡礼」(Annual pilgrimage to the mausoleum of Sidi 'Abd el-Qader Ben Mohammed (Sidi Cheikh))、アルジェリア・マリ・ニジェールの3か国にまたがる「アルジェリア、マリ、ニジェールのトゥアレグ社会でのイムザドに係わる慣習と知識」(Practices and knowledge linked to the Imzad of the Tuareg communities of Algeria, Mali and Niger)、バングラデシュ「ジャムダニ織りの伝統芸術」(Traditional art of Jamdani weaving)、ベルギーの「オーストダインケルケでの馬上での小エビ漁」(Shrimp fishing on horseback in Oostduinkerke)、中国「中国珠算、そろばんでの算術計算の知識と慣習」(Chinese Zhusuan, knowledge and practices of mathematical calculation through the abacus)、キプロス・クロアチア・スペイン・ギリシャ・イタリア・モロッコ・ポルトガルの7か国にまたがる「地中海料理」(Mediterranean diet)、ジョージア（旧グルジア）「古代ジョージアの伝統的なクヴェヴリ・ワインの製造方法」(Ancient Georgian traditional Qvevri wine-making method)、インド「サンキルタナ：マニプル州の儀式的な歌唱、太鼓、舞踊」(Sankirtana, ritual singing, drumming and dancing of Manipur)、イタリア「大きな構造物を担いでの行列の祝賀行事」(Celebrations of big shoulder-borne processional structures)、日本の「和食；日本人の伝統的な食文化－正月を例として－」(Washoku, traditional dietary cultures of the Japanese, notably for the celebration of New Year)、キルギス「キルギスの叙事詩の三部作：マナス、セメタイ、セイテク」(Kyrgyz epic trilogy: Manas, Semetey, Seytek)、モンゴル「モンゴル・ゲルの伝統工芸技術とその関連慣習」(Traditional craftsmanship of the Mongol Ger and its associated customs)、韓国の「キムジャン、キムチ作りと分かち合い」(Kimjang, making and sharing kimchi)、スロヴァキア「テルホヴァーの音楽」(Music of Terchová)、トルコの「トルコ・コーヒーの文化と伝統」(Turkish coffee culture and tradition)、ヴィエトナムの「ヴェトナム南部のドン・カー・タイ・トゥーの音楽と歌の芸術」(Art of Đờn ca tài tử music and song in southern Viet Nam) など25件＜含む登録範囲の拡大1件＞が登録された。

＜ベスト・プラクティス＞（現グッド・プラクティス）

スペインの「生物圏保護区における無形文化遺産の目録作成の手法：モンセニーの経験」(Methodology for inventorying intangible cultural heritage in biosphere reserves: the experience of Montseny) が選定された。

初めて世界無形文化遺産（「緊急保護リスト」「代表リスト」「ベスト・プラクティス」（現グッド・プラクティス）登録・選定）が誕生した初出国は、エチオピア、ニジェール、マケドニア・旧ユーゴスラビア、モルドヴァ、ウクライナの5か国であった。

従って、「緊急保護リスト」は、35件 「代表リスト」は、281件になった。

尚、2014年11月の第9回無形文化遺産委員会の議長国は、ペルー、パリのユネスコ本部で開催されることになった。

＜古田陽久＞

世界遺産ガイドーコーカサス諸国編ー

第8回無形文化遺産委員会バクー会議2013

バクー市内で筆者

コーカサス諸国の世界無形文化遺産

＜参考＞第43回世界遺産委員会バクー（アゼルバイジャン）会議2019

　毎年開催されるユネスコの世界遺産委員会は、私たち、世界遺産の研究者にとって、新年を迎える様な新たな気持ちにさせられる。

　第43回世界遺産委員会バクー会議は、アゼルバイジャン（面積　86,600平方Km　人口　987万人）の首都バクー（Baku　人口約205万人　日本との時差　5時間、夏時間はない。）のBaku Congress Centre(3500人収容)で、6月30日から7月10日まで開催される。

　アゼルバイジャンでの世界遺産委員会の開催は、今回が初めてであるが、アゼルバイジャンは、2013年の第8回無形文化遺産委員会ではホスト国を務めており、私はオブザーバー・ステイタスで参加した。

　今回も参加する予定なので、アゼルバイジャンを訪問するのは二度目となる。2003年の第27回世界遺産委員会から17回目であり、パリ、蘇州、ダーバン、ヴィリニュス、クライストチャーチ、ケベック・シティ、セビリア、ブラジリア、パリ、サンクトペテルブルク、プノンペン、ドーハ、ボン、イスタンブール、クラクフ、マナーマ、バクーと世界を一周してきた感がある。

　アゼルバイジャンは、世界遺産委員会の委員国は初めてで、2015年から務めており任期は4年、第40回ユネスコ総会の会期終了＜2019年11月頃＞までである。

　今年2019年の第43回世界遺産委員会バクー会議の委員国は、193の締約国から選ばれた、

　　オーストラリア、バーレーン、ボスニア・ヘルツェゴヴィナ、ブラジル、中国、グアテマラ、ハンガリー、キルギス、ノルウェー、セントキッツ・ネイヴィース、スペイン、ウガンダ
　　　（任期　第41回ユネスコ総会の会期終了＜2021年11月頃＞まで）

　　アンゴラ、アゼルバイジャン、ブルキナファソ、キューバ、インドネシア、クウェート、チュニジア、タンザニア、ジンバブエ
　　　（任期　第40回ユネスコ総会の会期終了＜2019年11月頃＞まで）の24か国からなる。

　ビューロー（幹事国）は、下記の通りである。

　　◎　議長国　アゼルバイジャン
　　　　議長：アブルファス・ガライェフ（H.E. Mr. Abulfaz Garayev）
　　○　副議長国　ノルウェー、ブラジル、インドネシア、ブルキナファソ、チュニジア
　　□　ラポルチュール(報告担当国)　オーストラリア　マハニ・テイラー（Ms. Mahani Taylor）

　今年の日本からの世界遺産候補は、百舌鳥・古市古墳群（Mozu-Furuichi Kofun Group: Mounded Tombs of Ancient Japan ）である。

　百舌鳥・古市古墳群は、古墳時代の最盛期であった4世紀後半から5世紀後半にかけて、当時の政治・文化 の中心地のひとつであり、大陸に向かう航路の発着点であった大阪湾に接する平野上に築造された。

世界でも独特な、墳長500m、大きさと形状に多様性を示す古墳により構成される。墳丘は葬送儀礼の舞台であり、幾何学的にデザインされ、埴輪などで外観が飾り立てられた。

百舌鳥・古市古墳群は、土製建造物のたぐいまれな技術的到達点を表し、墳墓によって権力を象徴した日本列島の人々の歴史を物語る顕著な物証である。

百舌鳥・古市古墳群は、45件49基の古墳で構成される。百舌鳥エリア（大阪府堺市）に23基（仁徳天皇陵古墳 ほか）、古市エリア（大阪府羽曳野市・藤井寺市）に26基（応神天皇陵古墳 ほか）からなる。

また、今年のお正月に訪問したミャンマー（旧ビルマ）の仏教遺産である「バガン」（Bagan）も候補に挙がっており、世界遺産登録が期待されている。世界遺産の登録範囲の総合的な「保護管理体制」と恒久的な「保護管理措置」のあり方が問われている。

世界遺産の数も千件を越え、世界的に「顕著な普遍的価値」（Outstanding Universal Value）を有する「世界遺産」も出尽くしたという感も否めない。

今年の4月、世界遺産の「パリのセーヌ河岸」（Paris, Banks of the Seine 1991年登録）の登録範囲内にある「ノートルダム大聖堂」で火災が発生した。この事例にも見る通り、これからは、既登録物件の保存管理、なかでも、自然災害や人為災害に備えての危機管理により注力していくことが重要だと思う。

第43回世界遺産委員会2019が開催されるバクー（アゼルバイジャン）

世界無形文化遺産の用語の定義

世界無形文化遺産
ユネスコの「人類の無形文化遺産の代表的なリスト」(略称：「代表リスト」)、「緊急に保護する必要がある無形文化遺産のリスト」(略称：「緊急保護リスト」)、及び、「無形文化遺産保護条約の目的に適った好ましい実践事例」(略称：「グッド・プラクティス」)に登録・選定されている世界的に認められたユネスコの無形文化遺産のことをいう。

無形文化遺産の領域
　　(a)　口承及び表現（伝達手段としての言語を含む。）
　　(b)　芸能
　　(c)　社会的慣習、儀式及び祭礼行事
　　(d)　自然及び万物に関する知識及び慣習
　　(e)　伝統工芸技術

緊急保護リスト
無形文化遺産委員会は、適当な保護のための措置をとるため、「緊急に保護する必要がある無形文化遺産のリスト」(List of Intangible Cultural Heritage in Need of Urgent Safeguarding)のことである。緊急保護リストへの登録は、2019年3月現在、59件（32か国）

代表リスト
無形文化遺産委員会は、無形文化遺産の一層の認知及びその重要性についての意識の向上を確保するため並びに文化の多様性を尊重する対話を奨励するため、関係する締約国の提案に基づき、「人類の無形文化遺産の代表的なリスト」(Representative List of the Intangible Cultural Heritage of Humanity)のことである。代表リストへの登録は、2019年3月現在、429件（117か国）

　「代表リスト」への登録申請にあたっては、次のR.1～R.5までの5つの登録基準を全て満たさなければならない。
　R.1　要素は、無形文化遺産保護条約第2条で定義された無形文化遺産を構成すること。
　R.2　要素の登録は、無形文化遺産の認知と重要性の意識の向上が確保され、世界の文化の
　　　多様性を反映し、人類の創造性を示す対話が奨励されること。
　R.3　要素を保護し促進する保護措置が図られていること。
　R.4　要素は、関係するコミュニティー、集団、或は、場合によっては、個人の可能な限り
　　　幅広い参加、そして、彼らの自由な、事前説明を受けた上での同意をもって申請された
　　　ものであること。
　R.5　要素は、無形文化遺産保護条約第11条と第12条で定義された、締約国の領域内にある
　　　無形文化遺産の提出目録（インベントリー）に含まれていること。

グッド・プラクティス（好ましい実践事例）
無形文化遺産を保護する為の国家的、小地域的及び地域的な計画、事業及び活動であって、ユネスコの無形文化遺産保護条約の原則及び目的を最も反映する無形文化保護のための好ましい計画、事業及び活動の実践事例
グッド・プラクティスへの選定は、2019年3月現在、20件（16か国）

世界無形文化遺産　キーワード

http://www.unesco.org/culture/ich/index

- 無形遺産　Intangible Heritage
- 保護　Safeguarding
- 人類、人間　Humanity
- 口承による伝統及び表現　Oral traditions and expressions
- 芸能　Performing arts
- 社会的慣習、儀式及び祭礼行事　Social practices, rituals and festive events
- 自然及び万物に関する知識及び慣習　Knowledge and practices concerning nature and the universe
- 伝統工芸技術　Traditional craftsmanship
- 条約　Convention
- 締約国　State Party
- 事務局　Secretariat
- 運用指示書　Operational Directives
- エンブレム　Emblem
- 倫理原則　Ethical principles
- 登録申請書類の書式　Nomination forms
- 多国間の登録申請　Multi-national nomination
- 定期報告　Periodic reporting
- 総会　General Assembly
- 政府間委員会　Intergovernmental Committee（IGC）
- 認定された非政府組織　Accredited NGO
- 評価　Evaluation
- 非政府組織、機関、専門家　NGO, institutions and experts
- 無形文化遺産　Intangible Cultural Heritage
- 無形遺産リスト　Intangible Heritage Lists
- 緊急保護リスト　Urgent Safeguarding List（USL）
- 代表リスト　Representative List（RL）
- 登録基準　Criteria for inscription
- 文化の多様性　Cultural Diversity
- グッド・プラクティス（好ましい保護の実践事例）　Good Safeguarding Practices
- 選定基準　Criteria for selection
- 啓発　Raising awareness
- 能力形成　Capacity building
- 地域社会　Community
- ファシリテーター（中立的立場での促進者・世話人）　Facilitator
- 国際援助　International Assistance
- 適格性　Eligibility
- 資金提供者とパートナー　Donors and partners
- （役立つ情報）資源　Resources
- 持続可能な発展　Sustainable Development

コーカサス諸国の世界の記憶

四福音書-パリンプセスト（The Tetraevangelion-palimpsest）
2017年登録
＜所蔵機関＞ジョージア国立公文書館（トビリシ）

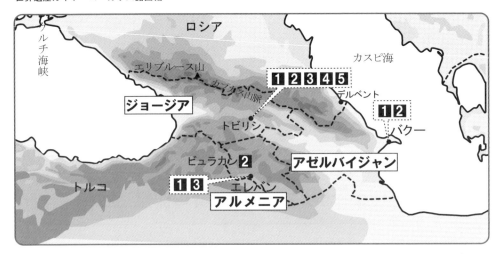

 アゼルバイジャン共和国
Azerbaijan Republic
首都　バクー　主要言語　アゼルバイジャン語
「世界の記憶」の数　2　（世界遺産の数　2　世界無形文化遺産の数　13）

❶中世の医療薬学に関する文書（Medieval manuscripts on medicine and pharmacy）
　2005年登録
　＜所蔵機関＞アゼルバイジャン国立科学アカデミー（バクー）

❷ムハンマド・フズーリー＊の『ディヴァン』の手稿のコピー
　（The copy of the manuscript of Mahammad Fuzuli's "divan"）
　2017年登録　＊1483年頃～1556年　オスマン帝国の詩人
　＜所蔵機関＞アゼルバイジャン国立科学アカデミー文書研究所（バクー）

アゼルバイジャン国立科学アカデミー

ジョージア（旧グルジア）
Georgia
首都　トビリシ　　主要言語　ジョージア語
「世界の記憶」の数　5　　（世界遺産の数　3　世界無形文化遺産の数　4）

1 ジョージアのビザンチンの文献（Geotgian Byzantine Manuscripts）
　2011年登録
　<所蔵機関>ジョージア国立文献センター（トビリシ）

2 「ジョージア王国の概要」とヴァフシュティ・バグラティオニ＊の地理地図
　("Description of Georgian Kingdom" and the Geographical Atlas of Vakhushti Bagrationi)
　2013年登録　＊ジョージアの歴史家・地理学者
　<所蔵機関>ジョージア国立公文書館（トビリシ）

3 ショタ・ルスタヴェリ＊の長編叙事詩「豹皮の騎士」の原稿集
　(Manuscript Collection of Shota Rustaveli's Poem "Knight in the Panther's Skin")
　2013年登録　＊ジョージアの詩人（1172～1216年）
　ジョージア／英国
　<所蔵機関>ジョージア文書センター（トビリシ）

4 ジョージア国立公文書館に保存されている最古の手書き文書
　(The Oldest Manuscripts Preserved at the National Archives of Georgia)
　2015年登録
　<所蔵機関>ジョージア国立公文書館（トビリシ）

5 四福音書-パリンプセスト（The Tetraevangelion-palimpsest）
　2017年登録
　<所蔵機関>ジョージア国立公文書館（トビリシ）

アルメニア共和国
Republic of Armenia
首都　エレバン　　主要言語　アルメニア語
「世界の記憶」の数　3　　（世界遺産の数　3　世界無形文化遺産の数　5）

1 マテナダラン古文書館の古代文書集
　(Mashtots Matenadaran ancient manuscripts collection)
　1997年登録
　<所蔵機関>アルメニア国立マテナダラン古文書館（エレバン）

2 最初のビュラカン天文台の観測記録（FBS或は マルカリアン銀河の観測記録）
　(First Byurakan Survey (FBS or Markarian survey))
　2011年登録
　<所蔵機関>ビュラカン天文台（ビュラカン）

3 作曲家アラム・ハチャトゥリアンの原稿と映画音楽のコレクション
　(Collection of note manuscripts and film music of Composer Aram Khachaturian)
　2013年登録
　<所蔵機関>アラム・ハチャトゥリアン記念館（エレバン）
　　　　　アルメニア国立公文書館（エレバン）

中世の医療薬学に関する文書

準拠	メモリー・オブ・ザ・ワールド・プログラム（略称：MOW） 1992年
目的	人類の歴史的な文書や記録など、忘却してはならない貴重な記録遺産を登録し、最新のデジタル技術などで保存し、広く公開する。
登録遺産名	Medieval manuscripts on medicine and pharmacy
世界記憶遺産リストへの登録年月	2005年

登録遺産の概要　「中世の医療薬学に関する文書」は、アゼルバイジャンの首都バクーにあるアゼルバイジャン国立科学アカデミーに所蔵されている。医学と薬学に関する基礎的な文献で、かつては、すべてのイスラム世界で広く使用されていたが、時と共に多くの文書が失われたこともあり、現存するこれらの文書は、かけがえのない貴重なものとなっている。363点にもおよぶ膨大な医学写本の中から、「ザキライ-ニザーム・シャーヒー」（ニザーム・シャーヒーの補遺）、「医学典範」（第2巻）、そして、「アル・マカラ・アッサラスン」（13の論文）の3つのテーマの文書類が世界記憶遺産として登録された。「ザキライ-ニザーム・シャーヒー」は、薬草、動物性物質、鉱物、薬物複合の薬剤学的な性質について描かれたもので、ペルシャ人の内科医ロスタム・ジュルジャーニー（1042～1136年）によって書かれた。16世紀半ばに複製されたものが現存している。「医学典範」は、ペルシャを代表する知識人アブー・アリー・イブン・スィーナー（980～1037年）によって、医学の理論的な体系化をめざし執筆された。彼は、哲学者・医者・科学者としても有名で、当時のギリシャ・アラビア医学の集大成としてラテン語にも翻訳され、ラテン世界では「カノン」の名で知られている。これらの写本は、アゼルバイジャンだけでなく、周辺の国々の医学・薬学の分野に大きな影響を与えたことから、2005年に世界記憶遺産に登録された。

分類	文書
選定基準	○真正性（Authenticity）、複写、模写、偽造品ではない ○独自性と非代替性（Unique and Irreplaceable） ○年代、場所、人物、題材・テーマ、形式・様式 ○希少性（Rarity） ○完全性（integrity） ○脅威（Threat） ○管理計画（Management Plan）
所蔵機関	アゼルバイジャン国立科学アカデミー（バクー）
備考	「医学典範」は、ペルシャを代表する知識人アブー・アリー・イブン・スィーナー（980～1037年）によって、医学の理論的な体系化をめざし執筆された。
参考URL	http://www.unesco.org/new/en/communication-and-information/memory-of-the-world/register/full-list-of-registered-heritage/registered-heritage-page-5/medieval-manuscripts-on-medicine-and-pharmacy/

中世の医療薬学に関する文書

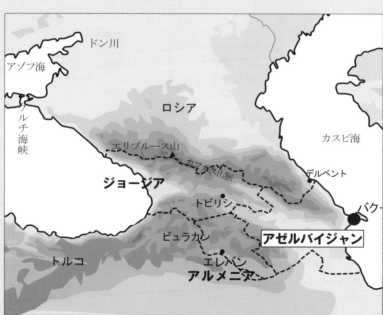

作曲家アラム・ハチャトゥリアンの原稿と映画音楽のコレクション

準拠	メモリー・オブ・ザ・ワールド・プログラム（略称：MOW）　1992年
目的	人類の歴史的な文書や記録など、忘却してはならない貴重な記録遺産を登録し、最新のデジタル技術などで保存し、広く公開する。
登録遺産名	Collection of note manuscripts and film music of Composer Aram Khachaturian
世界記憶遺産リストへの登録年月	2013年

登録遺産の概要　アラム・ハチャトゥリアン（1903年〜1978年）は、旧ソビエト連邦（現アルメニア）の作曲家、指揮者で、カフカス地方で生まれ、少年時代を過ごした。3歳の時に作曲したピアノ協奏曲が国際的に認められ、39歳の時に作曲した「剣の舞」でおなじみのバレエ『ガイーヌ』は彼の地位を不動なものにした。これは民族的旋律にあふれつつもコルホーズを舞台にした労働者、国家賛美の物語であった。彼の作品は、南コーカサスや中央アジアの国々の音楽学校の形成に影響を与えた。ハチャトゥリアンは、プロコフィエフ、ショスタコーヴィチと共にソヴィエト3巨匠の一人と称された。

分類	文書、映像、音楽
選定基準	○真正性（Authenticity）、複写、模写、偽造品ではない ○独自性と非代替性（Unique and Irreplaceable） ○年代、場所、人物、題材・テーマ、形式・様式 ○希少性（Rarity） ○完全性（integrity） ○脅威（Threat） ○管理計画（Management Plan）
所蔵機関	アラム・ハチャトゥリアン記念館（エレバン） アルメニア国立公文書館（エレバン）
備考	アルメニアで発行されている50ドラム紙幣に肖像が使用されている。

参考URL　http://www.akhachaturianmuseum.am/en/1--home.html
http://www.unesco.org/new/en/communication-and-information/memory-of-the-world/register/full-list-of-registered-heritage/registered-heritage-page-2/collection-of-note-manuscripts-and-film-music-of-composer-aram-khachaturian/

作曲家アラム・ハチャトゥリアンの楽譜

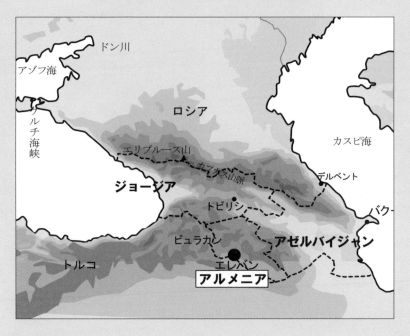

索 引

ジワリ修道院（聖十字聖堂）からのムツヘータの町の風景

＜ 索 引 ＞

【 ア 】
- 【世界無形文化遺産】アゼルバイジャンの
  アシュクの芸術················ 100
- 【世界無形文化遺産】アゼルバイジャンの絨毯 94-95
- 【世界無形文化遺産】アゼルバイジャンのムガーム 100
- 【世界遺産】アッパー・スヴァネチ······ 78-79
- 【世界無形文化遺産】アルメニアの叙事詩「サスン家のダヴィド」の上演··········· 104

【 ウ 】
- 【世界無形文化遺産】カマンチェ／カマンチャ工芸・演奏の芸術、擦弦楽器·············102

【 エ 】
- 【世界遺産】エチミアジンの聖堂と教会群およびスヴァルトノツの考古学遺跡·········· 86-87

【 ク 】
- 【世界無形文化遺産】クラガイの伝統芸術と象徴主義、女性の絹のヘッドスカーフの製造と着用 ラヒジの銅の技能················· 101

【 ケ 】
- 【世界遺産】ゲガルド修道院とアザト峡谷の上流················ 84-85
- 【世界遺産】ゲラチ修道院··············· 74-75

【 コ 】
- 【世界無形文化遺産】古代ジョージアの伝統的なクヴェヴリ・ワインの製造方法···· 96-97
- 【世界無形文化遺産】コチャリ、伝統的な集団ダンス·············· 98-99
- 【世界遺産】ゴブスタンの岩石画の文化的景観 70-71

【 サ 】
- 【世界の記憶】最初のビュラカン天文台の観測記録（FBS或は マルカリアン銀河の観測記録）········ 115
- 【世界無形文化遺産】作曲家アラム・ハチャトゥリアンの原稿と映画音楽のコレクション·········· 118-119
- 【世界無形文化遺産】三書体のジョージア文字の生活文化·············· 103

【 シ 】
- 【世界の記憶】四福音書-パリンプセスト··········· 115
- 【世界の記憶】「ジョージア王国の概要」とヴァフシュティ・バグラティオニの地理地図··· 115
- 【世界の記憶】ジョージア国立公文書館に保存されている最古の手書き文書···· 103
- 【世界無形文化遺産】ジョージアの多声合唱····· 103
- 【世界の記憶】ジョージアのビザンチンの文献··· 115
- 【世界の記憶】ショタ・ルスタヴェリの長編叙事詩「豹皮の騎士」の原稿集············ 115
- 【世界遺産】シルヴァンシャーの宮殿と乙女の塔がある城塞都市バクー·············· 68-69

【 タ 】
- 【世界無形文化遺産】タール、首長弦楽器の工芸と演奏の芸術·············· 101

【 チ 】
- 【世界無形文化遺産】チタオバ、ジョージアのレスリング············· 103
- 【世界の記憶】中世の医療薬学に関する文書 116-117
- 【世界無形文化遺産】チョヴガン、伝統的なカラバフ馬に乗ってのゲーム············· 100

【 テ 】
- 【世界無形文化遺産】デデ・クォルクード／コルキト・アタ／デデ・コルクトの遺産、叙事詩文化、民話、民謡·············· 102

【 ト 】
- 【世界無形文化遺産】ドゥドゥクとその音楽····· 104

【 ノ 】
- 【世界無形文化遺産】ノヴルーズ············· 100

【 ハ 】
- 【世界無形文化遺産】ハチュカルの象徴性と工芸技術、アルメニアの十字架石······ 104
- 【世界遺産】ハフパットとサナヒンの修道院··· 82-83

【 フ 】
- 【世界無形文化遺産】フラットブレッドの製造と共有の文化：ラヴァ統をつくり分かち合うドルマ、文化的なアイデンティティの印················· 102

【 マ 】
- 【世界の記憶】マテナダラン古文書館の古代文書集················ 115

【 ム 】
- 【世界遺産】ムツヘータの歴史的建造物群······ 76-77
- 【世界の記憶】ムハンマド・フズーリーの『ディヴァン』の手稿のコピ·············· 114

【 ヤ 】
- 【世界無形文化遺産】ヤッル（コチャリ、タンゼラ）、ナヒチェヴァンの伝統的な集団舞踊········· 92-93

【 ラ 】
- 【世界無形文化遺産】ラヴァッシュ、アルメニアの文化的表現としての伝統的なアルメニア・パンの準備、意味、外見················· 104
- 【世界無形文化遺産】ラヒジの銅の技能············ 101

世界の記憶 キーワード

- Academy of Certified Archivists（略称ACA）　民間非営利団体有資格アーキビストアカデミー
- Accessibility　アクセス可能性
- Access Management Plan　アクセス管理計画
- Association of Moving Image Archivists（略称AMIA）　映像アーキビスト協会
- Association of Recorded Sound Collections（略称ARSC）　アメリカ録音収蔵協会
- Authenticity　真正性
- Bibliography　参考文献
- Catalogue　目録
- Conservation　保全
- Copyright　著作権
- Custodian of the documentary heritage　記録物の管理者
- Documentary Heritage　記録遺産
- Expert knowledge　専門知識
- Form and style　記録形態
- Integrity　完全性
- Intergovernmental Organization（略称IGO）　政府間組織
- International Advisory Committee（略称IAC）　国際諮問委員会
- International Centre for Conservation in Rome（略称ICCROM）　文化財保存修復研究国際センター
- International Center for Documentary Heritage（略称ICDH）　国際記録遺産センター
- International Council on Archives（略称ICA）　国際公文書館会議
- International Council of Museums（略称ICOM）　国際博物館会議
- International Federation of Film Archives（略称FIAF）　国際フィルム・アーカイヴ連盟
- International Federation of Library Associations and Institutions（略称IFLA）　国際図書館連盟
- International Federation for Documentation（略称FID）　国際ドキュメンテーション連盟
- International Institute for Conservation of Historic and Artistic Works（略称IIC）　文化財保存国際研究所
- International Organization　国際機関
- Legal status　法的状況
- Management Plan　管理計画
- Modern Archives Institute　近代アーカイブズ学院
- Memory of the World　世界の記憶
- National Archives and Records Administrations（略称NARA）　公文書記録管理局
- Non-Government Organisation（略称NGO）　非政府組織
- Preservation　保存
- Private Foundation　民間財団
- Provenance　起源、由来、出所
- Rarity　希少性
- Society of American Archivists　アメリカアーキビスト協会
- Subject and theme　題材・テーマ
- Threat　脅威
- United Nations Educational, Scientific and Cultural Organization（略称UNESCO）　国連教育科学文化機関
- United States Code　合衆国法律集
- Unique and Irreplaceable　独自性と非代替性
- Washington National Records Center　ワシントン記録保存センター
- World Digital Library（略称WDL）　世界電子図書館
- World Significance　世界的な重要性

＜資料・写真　提供＞

UNESCO World Heritage Centre、ICOMOS、ICCROM、IUCN、Central Intelligence Agency Library (The World Factbook)、外務省(Ministry of Foreign Affairs of Japan)国・地域情報、アゼルバイジャン大使館、DTACアゼルバイジャン観光情報局、ジョージア大使館、ジョージア政府観光局、アルメニア大使館、DTACアルメニア観光情報局、シンクタンクせとうち総合研究機構、世界遺産総合研究所、古田陽久

〈著者プロフィール〉

古田 陽久（ふるた・はるひさ　FURUTA Haruhisa）
世界遺産総合研究所 所長

1951年広島県生まれ。1974年慶応義塾大学経済学部卒業、1990年シンクタンクせとうち総合研究機構を設立。アジアにおける世界遺産研究の先覚・先駆者の一人で、「世界遺産学」を提唱し、1998年世界遺産総合研究所を設置、所長兼務。毎年の世界遺産委員会や無形文化遺産委員会などにオブザーバー・ステータスで参加、中国杭州市での「首届中国大運河国際高峰論壇」、クルーズ船「にっぽん丸」、三鷹国際交流協会の国際理解講座、日本各地の青年会議所（JC）での講演など、その活動を全国的、国際的に展開している。これまでにイタリア、中国、スペイン、フランス、ドイツ、インド、メキシコ、英国、ロシア連邦、アメリカ合衆国、ブラジル、オーストラリア、ギリシャ、カナダ、トルコ、ポルトガル、ポーランド、スウェーデン、ベルギー、韓国、スイス、チェコ、ペルー、キューバなど約67か国、約300の世界遺産地を訪問している。現在、広島市佐伯区在住。

【専門分野】世界遺産制度論、世界遺産論、自然遺産論、文化遺産論、危機遺産論、地域遺産論、日本の世界遺産、世界無形文化遺産、世界の記憶、世界遺産と教育、世界遺産と観光、世界遺産と地域づくり・まちづくり

【著書】「世界の記憶遺産60」（幻冬舎）、「世界遺産データ・ブック」、「世界無形文化遺産データ・ブック」、「世界の記憶データ・ブック」（世界記憶遺産データブック）、「誇れる郷土データ・ブック」、「世界遺産ガイド」シリーズ、「ふるさと」「誇れる郷土」シリーズなど多数。

【執筆】連載「世界遺産への旅」、「世界記憶遺産の旅」、日本政策金融公庫調査月報「連載『データで見るお国柄』」、「世界遺産を活用した地域振興－『世界遺産基準』の地域づくり・まちづくり－」（月刊「地方議会人」）、中日新聞・東京新聞サンデー版「大図解危機遺産」、「現代用語の基礎知識2009」（自由国民社）世の中ペディア「世界遺産」など多数。

【テレビ出演歴】TBSテレビ「あさチャン！」、「ひるおび」、「NEWS23」、テレビ朝日「モーニングバード」、「やじうまテレビ」、「ANNスーパーJチャンネル」、日本テレビ「スッキリ！！」、フジテレビ「めざましテレビ」、「スーパーニュース」、「とくダネ！」、NHK福岡「ロクいち！」など多数。

【ホームページ】「世界遺産と総合学習の杜」http://www.wheritage.net/

世界遺産ガイド －コーカサス諸国編－

2019年（令和元年）6月10日 初版 第1刷

著　　　者　　古田　陽久
企画・編集　　世界遺産総合研究所
発　　　行　　シンクタンクせとうち総合研究機構 ©
　　　　　　　〒731-5113　広島市佐伯区美鈴が丘緑三丁目4番3号
　　　　　　　TEL&FAX　082-926-2306
　　　　　　　電子メール　wheritage@tiara.ocn.ne.jp
　　　　　　　インターネット　http://www.wheritage.net
　　　　　　　出版社コード　86200

©本書の内容を複写、複製、引用、転載される場合には、必ず発行元に、事前にご連絡下さい。

Complied and Printed in Japan, 2019　ISBN978-4-86200-227-3 C1526 Y2500E

発行図書のご案内

世界遺産シリーズ

世界遺産データ・ブック 2019年版 【新刊】
978-4-86200-218-1 本体2600円 2018年8月発行予定
最新のユネスコ世界遺産1092物件の全物件名と登録基準、位置を掲載。ユネスコ世界遺産の概要も充実。世界遺産学習の上での必携の書。

世界遺産事典-1092全物件プロフィール- 【新刊】 2019改訂版
978-4-86200-219-8 本体2778円 2018年8月発行予定
世界遺産1092物件の全物件プロフィールを収録。2019改訂版

世界遺産キーワード事典 2009改訂版
978-4-86200-133-7 本体2000円 2008年9月発行
世界遺産に関連する用語の紹介と解説

世界遺産マップス -地図で見るユネスコの世界遺産- 2017改訂版
978-4-86200-206-8 本体2600円 2016年12月発行
世界遺産1052物件の位置を地域別・国別に整理

世界遺産ガイド-世界遺産条約採択40周年特集-
978-4-86200-172-6 本体2381円 2012年11月発行
世界遺産の40年の歴史を特集し、持続可能な発展を考える。

世界遺産フォトス
- -写真で見るユネスコの世界遺産- 4-916208-22-6 本体1905円 1999年8月発行
- 第2集-多様な世界遺産- 4-916208-50-1 本体2000円 2002年1月発行
- 第3集-海外と日本の至宝100の記憶- 978-4-86200-148-1 本体2381円 2010年1月発行

世界遺産の多様性を写真資料で学ぶ。

世界遺産入門-平和と安全な社会の構築-
978-4-86200-191-7 本体2500円 2015年5月発行
世界遺産を通じて「平和」と「安全」な社会の大切さを学ぶ

世界遺産学入門-もっと知りたい世界遺産-
4-916208-52-8 本体2000円 2002年2月発行
新しい学問としての「世界遺産学」の入門書

世界遺産学のすすめ-世界遺産が地域を拓く-
4-86200-100-9 本体2000円 2005年4月発行
普遍的価値を顕す世界遺産が、閉塞した地域を拓く

世界遺産概論＜上巻＞＜下巻＞ 世界遺産の基礎的事項をわかりやすく解説
上巻 978-4-86200-116-0
下巻 978-4-86200-117-7 2007年1月発行
本体 各2000円

世界遺産ガイド-ユネスコ遺産の基礎知識-
978-4-86200-184-9 本体2500円 2014年3月発行
混同するユネスコ三大遺産の違いを明らかにする

世界遺産ガイド-世界遺産条約編-
4-916208-34-X 本体2000円 2000年7月発行
世界遺産条約を特集し、条約の趣旨や目的などポイントを解説

世界遺産ガイド-世界遺産条約とオペレーショナル・ガイドラインズ編-
978-4-86200-128-3 本体2000円 2007年12月発行
世界遺産条約とその履行の為の作業指針について特集する

世界遺産ガイド-世界遺産の基礎知識編- 2009改訂版
978-4-86200-132-0 本体2000円 2008年10月発行
世界遺産の基礎知識をQ&A形式で解説

世界遺産ガイド-図表で見るユネスコの世界遺産編-
4-916208-89-7 本体2000円 2004年12月発行
世界遺産をあらゆる角度からグラフ、図表、地図などで読む

世界遺産ガイド-情報所在源編-
4-916208-84-6 本体2000円 2004年1月発行
世界遺産に関連する情報所在源を各国別、物件別に整理

世界遺産ガイド-自然遺産編- 2016改訂版
978-4-86200-198-6 本体2500円 2016年3月発行
ユネスコ自然遺産の全容を紹介

世界遺産ガイド-文化遺産編- 2016改訂版
978-4-86200-175-7 本体2500円 2016年3月発行
ユネスコ文化遺産の全容を紹介

世界遺産ガイド-文化遺産編-
1. 遺跡 4-916208-32-3 本体2000円 2000年8月発行
2. 建造物 4-916208-33-1 本体2000円 2000年9月発行
3. モニュメント 4-916208-35-8 本体2000円 2000年10月発行
4. 文化的景観 4-916208-53-6 本体2000円 2002年1月発行

世界遺産ガイド-複合遺産編- 2016改訂版
978-4-86200-200-6 本体2500円 2016年3月発行
ユネスコ複合遺産の全容を紹介

世界遺産ガイド-危機遺産編- 2016改訂版
978-4-86200-197-9 本体2500円 2015年12月発行
危機にさらされている世界遺産を特集

世界遺産ガイド-文化の道編-
978-4-86200-207-5 本体2500円 2016年12月発行
世界遺産に登録されている「文化の道」を特集

世界遺産ガイド-文化的景観編-
978-4-86200-150-4 本体2381円 2010年4月発行
文化的景観のカテゴリーに属する世界遺産を特集

世界遺産ガイド-複数国にまたがる世界遺産編-
978-4-86200-151-1 本体2381円 2010年6月発行
複数国にまたがる世界遺産を特集

シンクタンクせとうち総合研究機構

世界遺産ガイド-日本編- 2019改訂版 【新刊】	978-4-86200-220-4 本体2778円 2018年9月発行	日本にある世界遺産、暫定リストを特集
日本の世界遺産 -東日本編-	978-4-86200-130-6 本体2000円 2008年2月発行	
日本の世界遺産 -西日本編-	978-4-86200-131-3 本体2000円 2008年2月発行	
世界遺産ガイド-日本の世界遺産登録運動-	4-86200-108-4 本体2000円 2005年12月発行	暫定リスト記載物件はじめ世界遺産登録運動の動きを特集
世界遺産ガイド-世界遺産登録をめざす富士山編-	978-4-86200-153-5 本体2381円 2010年11月発行	富士山を世界遺産登録する意味と意義を考える
世界遺産ガイド-北東アジア編-	4-916208-87-0 本体2000円 2004年3月発行	北東アジアにある世界遺産を特集、国の概要も紹介
世界遺産ガイド-朝鮮半島にある世界遺産-	4-86200-102-5 本体2000円 2005年7月発行	朝鮮半島にある世界遺産、暫定リスト、無形文化遺産を特集
世界遺産ガイド-中国・韓国編-	4-916208-55-2 本体2000円 2002年3月発行	中国と韓国にある世界遺産を特集、国の概要も紹介
世界遺産ガイド-中国編- 2010改訂版	978-4-86200-139-9 本体2381円 2009年10月発行	中国にある世界遺産、暫定リストを特集
世界遺産ガイド-東南アジア編-	978-4-86200-149-8 本体2381円 2010年5月発行	東南アジアにある世界遺産、暫定リストを特集
世界遺産ガイド-ネパール・インド・スリランカ編- 【新刊】	978-4-86200-221-1 本体2500円 2018年11月発行	ネパール・インド・スリランカにある世界遺産を特集
世界遺産ガイド-オーストラリア編-	4-86200-115-7 本体2000円 2006年5月発行	オーストラリアにある世界遺産を特集、国の概要も紹介
世界遺産ガイド-中央アジアと周辺諸国編-	4-916208-63-3 本体2000円 2002年8月発行	中央アジアと周辺諸国にある世界遺産を特集
世界遺産ガイド-中東編-	4-916208-30-7 本体2000円 2000年7月発行	中東にある世界遺産を特集
世界遺産ガイド-知られざるエジプト編-	978-4-86200-152-8 本体2381円 2010年6月発行	エジプトにある世界遺産、暫定リスト等を特集
世界遺産ガイド-アフリカ編-	4-916208-27-7 本体2000円 2000年3月発行	アフリカにある世界遺産を特集
世界遺産ガイド-イタリア編-	4-86200-109-2 本体2000円 2006年1月発行	イタリアにある世界遺産、暫定リストを特集
世界遺産ガイド-スペイン・ポルトガル編-	978-4-86200-158-0 本体2381円 2011年1月発行	スペインとポルトガルにある世界遺産を特集
世界遺産ガイド-英国・アイルランド編-	978-4-86200-159-7 本体2381円 2011年3月発行	英国とアイルランドにある世界遺産等を特集
世界遺産ガイド-フランス編-	978-4-86200-160-3 本体2381円 2011年5月発行	フランスにある世界遺産、暫定リストを特集
世界遺産ガイド-ドイツ編-	4-86200-101-7 本体2000円 2005年6月発行	ドイツにある世界遺産、暫定リストを特集
世界遺産ガイド-ロシア編-	978-4-86200-166-5 本体2381円 2012年4月発行	ロシアにある世界遺産等を特集
世界遺産ガイド-コーカサス諸国編- 【新刊】	978-4-86200-227-3 本体2500円 2019年6月発行	コーカサス諸国にある世界遺産等を特集
世界遺産ガイド-バルト三国編- 【新刊】	4-86200-222-8 本体2500円 2018年12月発行	バルト三国にある世界遺産を特集
世界遺産ガイド-アメリカ合衆国編- 【新刊】	978-4-86200-214-3 本体2500円 2018年1月発行	アメリカ合衆国にあるユネスコ遺産等を特集
世界遺産ガイド-メキシコ編-	978-4-86200-202-0 本体2500円 2016年8月発行	メキシコにある世界遺産等を特集
世界遺産ガイド-カリブ海地域編- 【新刊】	4-86200-226-6 本体2600円 2019年5月発行	カリブ海地域にある主な世界遺産を特集
世界遺産ガイド-中米編-	4-86200-81-1 本体2000円 2004年2月発行	中米にある主な世界遺産を特集
世界遺産ガイド-南米編-	4-86200-76-5 本体2000円 2003年9月発行	南米にある主な世界遺産を特集

世界遺産ガイド-地形・地質編-	978-4-86200-185-6 本体2500円 2014年5月発行 世界自然遺産のうち、代表的な「地形・地質」を紹介
世界遺産ガイド-生態系編-	978-4-86200-186-3 本体2500円 2014年5月発行 世界自然遺産のうち、代表的な「生態系」を紹介
世界遺産ガイド-自然景観編-	4-916208-86-2 本体2000円 2004年3月発行 世界自然遺産のうち、代表的な「自然景観」を紹介
世界遺産ガイド-生物多様性編-	4-916208-83-8 本体2000円 2004年1月発行 世界自然遺産のうち、代表的な「生物多様性」を紹介
世界遺産ガイド-自然保護区編-	4-916208-73-0 本体2000円 2003年5月発行 自然遺産のうち、自然保護区のカテゴリーにあたる物件を特集
世界遺産ガイド-国立公園編-	4-916208-58-7 本体2000円 2002年5月発行 ユネスコ世界遺産のうち、代表的な国立公園を特集
世界遺産ガイド-名勝・景勝地編-	4-916208-41-2 本体2000円 2001年3月発行 ユネスコ世界遺産のうち、代表的な名勝・景勝地を特集
世界遺産ガイド-歴史都市編-	4-916208-64-1 本体2000円 2002年9月発行 ユネスコ世界遺産のうち、代表的な歴史都市を特集
世界遺産ガイド-都市・建築編-	4-916208-39-0 本体2000円 2001年2月発行 ユネスコ世界遺産のうち、代表的な都市・建築を特集
世界遺産ガイド-産業・技術編-	4-916208-40-4 本体2000円 2001年3月発行 ユネスコ世界遺産のうち、産業・技術関連遺産を特集
世界遺産ガイド-産業遺産編-保存と活用	4-86200-103-3 本体2000円 2005年4月発行 ユネスコ世界遺産のうち、各産業分野の遺産を特集
世界遺産ガイド-19世紀と20世紀の世界遺産編-	4-916208-56-0 本体2000円 2002年7月発行 激動の19世紀、20世紀を代表する世界遺産を特集
世界遺産ガイド-宗教建築物編-	4-916208-72-2 本体2000円 2003年6月発行 ユネスコ世界遺産のうち、代表的な宗教建築物を特集
世界遺産ガイド-仏教関連遺産編- **新刊**	4-86200-223-5 本体2600円 2019年2月発行 ユネスコ世界遺産のうち仏教関連遺産を特集
世界遺産ガイド-歴史的人物ゆかりの世界遺産編-	4-916208-57-9 本体2000円 2002年9月発行 歴史的人物にゆかりの深いユネスコ世界遺産を特集
世界遺産ガイド-人類の負の遺産と復興の遺産編-	978-4-86200-173-3 本体2000円 2013年2月発行 世界遺産から人類の負の遺産と復興の遺産を学ぶ
世界遺産ガイド-暫定リスト記載物件編-	978-4-86200-138-2 本体2000円 2009年5月発行 世界遺産暫定リストに記載されている物件を一覧する
世界遺産ガイド -特集 第29回世界遺産委員会ダーバン会議-	4-86200-105-X 本体2000円 2005年9月発行 2005年新登録24物件と登録拡大、危機遺産などの情報を満載
世界遺産ガイド -特集 第28回世界遺産委員会蘇州会議-	4-916208-95-1 本体2000円 2004年8月発行 2004年新登録34物件と登録拡大、危機遺産などの情報を満載

世界の文化シリーズ

世界遺産の無形版といえる「世界無形文化遺産」についての希少な書籍

世界無形文化遺産データ・ブック **新刊** 2019年版	978-4-86200-224-2 本体2600円 2019年4月発行 世界無形文化遺産の仕組みや登録されているものを地域別・国別に整理。
世界無形文化遺産事典 2019年版 **新刊**	978-4-86200-225-9 本体2600円 2019年4月発行 世界無形文化遺産の概要を、地域別・国別・登録年順に掲載。

世界の記憶シリーズ

ユネスコのプログラム「世界の記憶」の全体像を明らかにする日本初の書籍

世界の記憶データ・ブック **新刊** 2017～2018年版	978-4-86200-215-0 本体2778円 2018年1月発行 ユネスコ三大遺産事業の一つ「世界の記憶」の仕組みや427件の世界の記憶など、プログラムの全体像を明らかにする日本初のデータ・ブック。

シンクタンクせとうち総合研究機構

ふるさとシリーズ

書名	ISBN・価格・発行	内容
誇れる郷土データ・ブック －2020東京オリンピックに向けて－ 2017年版 【新刊】	978-4-86200-209-9 本体2500円 2017年3月発行	2020年に開催される東京オリンピック・パラリンピックを見据えて、世界に通用する魅力ある日本の資源を都道府県別に整理。
誇れる郷土データ・ブック －地方の創生と再生－ 2015年版	978-4-86200-192-4 本体2500円 2015年5月発行	国や地域の創生や再生につながるシーズを都道府県別に整理。
誇れる郷土ガイド－日本の歴史的な町並み編－ 【新刊】	978-4-86200-210-5 本体2500円 2017年8月発行	日本らしい伝統的な建造物群が残る歴史的な町並みを特集
誇れる郷土ガイド －東日本編－	4-916208-24-2 本体1905円 1999年12月発行	東日本にある都道府県の各々の特色、特性など項目別に整理
誇れる郷土ガイド －西日本編－	4-916208-25-0 本体1905円 2000年1月発行	西日本にある府県の各々の特色、特性など項目別に整理
誇れる郷土ガイド －北海道・東北編－	4-916208-42-0 本体2000円 2001年5月発行	北海道・東北地方の特色・魅力・データを道県別にコンパクトに整理
誇れる郷土ガイド －関東編－	4-916208-48-X 本体2000円 2001年11月発行	関東地方の特色・魅力・データを道県別にコンパクトに整理
誇れる郷土ガイド －中部編－	4-916208-61-7 本体2000円 2002年10月発行	中部地方の特色・魅力・データを道県別にコンパクトに整理
誇れる郷土ガイド －近畿編－	4-916208-46-3 本体2000円 2001年10月発行	近畿地方の特色・魅力・データを道県別にコンパクトに整理
誇れる郷土ガイド －中国・四国編－	4-916208-65-X 本体2000円 2002年12月発行	中国・四国地方の特色・魅力・データを道県別にコンパクトに整理
誇れる郷土ガイド －九州・沖縄編－	4-916208-62-5 本体2000円 2002年11月発行	九州・沖縄地方の特色・魅力・データを道県別にコンパクトに整理
誇れる郷土ガイド－口承・無形遺産編－	4-916208-44-7 本体2000円 2001年6月発行	各都道府県別に、口承・無形遺産の名称を整理収録
誇れる郷土ガイド－全国の世界遺産登録運動の動き－	4-916208-69-2 本体2000円 2003年1月発行	暫定リスト記載物件はじめ全国の世界遺産登録運動の動きを特集
誇れる郷土ガイド－全国47都道府県の観光データ編－ 2010改訂版	978-4-86200-123-8 本体2381円 2009年12月発行	各都道府県別の観光データ等の要点を整理
誇れる郷土ガイド－全国47都道府県の誇れる景観編－	4-916208-78-1 本体2000円 2003年10月発行	わが国の美しい自然環境や文化的な景観を都道府県別に整理
誇れる郷土ガイド－全国47都道府県の国際交流・協力編－	4-916208-85-4 本体2000円 2004年4月発行	わが国の国際交流・協力の状況を都道府県別に整理
誇れる郷土ガイド－日本の国立公園編－	4-916208-94-3 本体2000円 2005年2月発行	日本にある国立公園を取り上げ、概要を紹介
誇れる郷土ガイド－自然公園法と文化財保護法－	978-4-86200-129-0 本体2000円 2008年2月発行	自然公園法と文化財保護法について紹介する
誇れる郷土ガイド－市町村合併編－	978-4-86200-118-4 本体2000円 2007年2月発行	平成の大合併により変化した市町村の姿を都道府県別に整理
日本ふるさと百科－データで見るわたしたちの郷土－	4-916208-11-0 本体1429円 1997年12月発行	事物・統計・地域戦略などのデータを各都道府県別に整理
環日本海エリア・ガイド	4-916208-31-5 本体2000円 2000年6月発行	環日本海エリアに位置する国々や日本の地方自治体を取り上げる

シンクタンクせとうち総合研究機構

事務局　〒731-5113　広島市佐伯区美鈴が丘緑三丁目4番3号
書籍のご注文専用ファックス　082-926-2306　電子メールwheritage@tiara.ocn.ne.jp